• 二十一世纪"双一流"建设系列精品教材
• 本教材可作为中国大学MOOC人力资源管理信息系统

人力资源管理信息系统实务(SAP)

RENLI ZIYUAN GUANLI XINXI XITONG SHIWU (SAP)

主 编 李幸

西南财经大学出版社

中国·成都

图书在版编目(CIP)数据

人力资源管理信息系统实务:SAP/李幸主编 . —成都:西南财经大学出版社,2020.3
ISBN 978-7-5504-4383-9

Ⅰ.①人… Ⅱ.①李… Ⅲ.①企业管理—人力资源管理—应用软件—教材 Ⅳ.①F272.92-39

中国版本图书馆 CIP 数据核字(2020)第 014403 号

人力资源管理信息系统实务(SAP)
主编　李幸

责任编辑:刘佳庆
封面设计:墨创文化　张姗姗
责任印制:朱曼丽

出版发行	西南财经大学出版社(四川省成都市光华村街 55 号)
网　址	http://www. bookcj. com
电子邮件	bookcj@ foxmail. com
邮政编码	610074
电　话	028-87353785
照　排	四川胜翔数码印务设计有限公司
印　刷	郫县犀浦印刷厂
成品尺寸	185mm×260mm
印　张	8.5
字　数	199 千字
版　次	2020 年 3 月第 1 版
印　次	2020 年 3 月第 1 次印刷
印　数	1— 2000 册
书　号	ISBN 978-7-5504-4383-9
定　价	29.80 元

前言
Preface

世界 500 强背后的管理大师——SAP 公司，是全球最大的企业管理和协同化商务解决方案供应商、全球第三大独立软件供应商。目前，在全球有 180 多个国家和地区超过 388 000 家用户使用着 SAP 管理软件。SAP 公司于 20 世纪 80 年代开始同中国的企业合作，并取得了成功经验。至今，国内数千家知名企业已切身感受到 SAP 管理软件带给企业的行业竞争力，纷纷上线 SAP 管理系统。比如，长虹、海信、康佳、海尔、万科、一汽大众、中国电信、中国石化等大型企业，以及大量的外商独资及合资企业，像西门子（中国）、博世（中国）、杜邦（中国）、Bayer（中国）、三星（中国）、IBM（中国）、雀巢（中国）、微软（中国）、爱立信（中国）、可口可乐（中国）、摩托罗拉（中国）等。SAP 公司分别在北京、上海、深圳等城市建立了 SAP 中国研究中心，在成都建立了 SAP 全球研发中心，SAP "种子计划" 中的国内六所高校开启了 SAP 高等教育的先河。

SAP 现已成为中国 ERP 市场的绝对领导者，其市场份额占 30% 以上，年度业绩以 50% 以上的速度递增。越来越多的中国企业管理人员需要学习 SAP 管理软件的操作和运用。人才市场上出现 SAP 应用人才供不应求、价高人少的局面。作为 SAP "种子计划" 成员高校的一名 SAP 专职实验教师，我有让更多的学生掌握 SAP 的管理理念和操作技能的责任感，也有将 SAP 的种子播撒到更多的高校热土中的使命感。我想将自己在 SAP 实验教学中的经验尽快分享给社会，让更多的高校、更多的企业感受到 SAP 教学和培训的魅力——这一直是支持我不懈努力工作的信念！本书将 SAP 管理软件的 HR 模块与高校人力资源管理专业课程相结合，以 SAP IDES ECC5.0 为实验工具，为 SAP 初学者创设了上机实践和企业业务运作情景模拟的学习机会，是在现代企业信息管理环境下，对人力资源管理专业学习与实践性教学环节进行整合的新兴实验教学资源。

本书编写有以下特色：

1. 淡化计算机专业术语，强调人力资源管理的专业职能

从接触学习 SAP 至今，我一直在坚持收集 SAP 的相关书籍与学习资料。这些学习资源对学生学习 SAP 的帮助很大。但是，在教学过程中，我发现不同专业的学生，面对相同的学习资料，会产生差别很大的反应：对于信息技术专业的学生而言，认为这些学习资料可读性很强；但是对于人力资源管理专业的学生而言，由于他们缺乏计算机专

业知识背景而对学习 SAP 产生恐惧心理。这是很令人遗憾的事情。本书的编写突破了 SAP 的计算机术语限制，尽量突出人力资源管理专业职能，淡化计算机专业术语，对于广大的非计算机专业的学生和管理人员来说具有很强的可读性，而对于计算机专业的管理人员来说，也可以更好地理解 SAP 系统背后的人力资源管理原理。

2. 实训题目基于业务情景，实训记录有利于巩固所学知识

本书的实训题目涵盖了人力资源管理中的所有日常职能与核心职能，如工作分析、招聘、培训、时间管理、绩效评估、工资管理等。每个实训题目都基于业务情景，模拟操作性很强。同时，为了让初学者加深对知识、技能的记忆和提高熟练度，本书总结了实验教学课堂与学生互动的点滴情景，为每一个 SAP 人力资源管理实训环节都编写了学习背景、学习目标、学习内容、实训练习题和应用与提高等实训项目。其中"实训练习题"注重实训基础理念；"应用与提高"注重实训业务情景，配有强化学生记忆和提高熟练度的若干问题。学生在实训过程中，可以根据问题设置，做好实训记录，非常有利于学习之后的巩固，可极大地提高学习效率。

3. 用中文表述实训题目，配合数字化教学资源，易于开展实验教学和培训

SAP 系统的语言是英语，在学习或培训过程中，我发现学生对于英语学习资料可以接受，却很难独立地准确理解英语练习题的题意，往往需要教师对题目进行本土化的情景翻译与解释，这大大浪费了课堂教学时间。本书的实训题目全部用中文语境下人力资源管理情景来表述，并针对每一道实训题目的详细操作过程，附加了真实的界面样图，降低了 SAP 人力资管理学习难度，让更多的初学者在轻松、愉快、有节奏、感兴趣的状态下掌握 SAP 人力资源管理实训技能。

本书是中国大学 MOOC 在线开放课程"人力资源管理信息系统实务"的配套数字化教材。书中每一章的内容，都有相关的教学视频、课件、讨论区互动等网络教学资源，方便读者根据自身的阅读进度，实时查询更多的网络教学资源，实现文字、视频、课件、讨论互动等同步在线的数字化阅读。

"知识来源于实践，能力来自于实践，素质更需要在实践中养成。"本书是高校本科生、研究生、MBA 教育开展 ERP 实验教学、SAP 人力资源管理课程、人力资源管理信息系统课程的理想实训教材；对于企业已上线或即将上线 SAP 管理软件的各类管理人员而言，此书可作为学习 SAP 人力资源管理日常业务操作的参考用书；同时，对于社会上广大 SAP 人力资源管理初学者来讲，本书也是可读性和操作性极强的实训指导教材。

本书在线课程视频、课件、讨论区、线下学习资源链接 https://www.icourse163.org/course/SWUFE-1003087008？utm_campaign＝share&utm_medium＝iphoneShare&utm_source＝qq. 教材及在线开放课程资源的不足之处，恳请广大读者批评指正。

李 幸

2019 年 12 月 1 日

内容摘要

本书首次将实验教学从理论教学中独立出来，以规范的、操作性强的教学体系展现在广大师生面前。它将人力资源管理理论与实务、SAP 人力资源管理相关培训资料和上线 SAP 管理系统的企业运作实际相整合，突出 SAP 管理软件的操作与应用，突出人力资源管理实务的解决方案，突出教育、培训的实践性和创新性。

本书共十二章：

第一章登录和浏览 SAP R/3 系统。本章向各位初学者介绍了 SAP R/3 的登录方法和基本用户口令。通过对本章的学习，初学者能够熟悉 SAP 系统的基本功能操作界面，并可以根据自己的工作需要来定义个性化的初始界面。本章为 SAP 初学者揭开了 SAP 的神秘面纱。

第二章 SAP 人力资源管理的层级结构。本章内容是 SAP 人力资源管理的灵魂，也是操作和设计 SAP 人力资源管理系统的根基。本章将向各位初学者介绍 SAP 人力资源管理中的三类结构，即企业结构、人事结构和组织结构。通过对本章的学习，初学者可以对 SAP 人力资源管理有一个全局的认识，并能够根据管理工作的需要，在 SAP 系统中创建或更改组织结构，这也是 SAP 人力资源管理中最为基础的一项工作技能。

第三章至第四章 SAP 员工行政管理。员工行政管理是企业人力资源管理中最基本的日常工作，它包括员工主数据的录入、更改和根据管理需要进行的相关数据维护。员工行政管理的维护方法有三种，即单屏维护、快速录入和人事事件维护。这三种方法各有其最适合应用的业务场景，通过对本章的学习，你将会熟悉 SAP 人力资源管理系统中更多的信息类型，发现 SAP 人力资源管理的更多乐趣。

第五章 SAP 招聘工作的实施。招聘是人力资源管理部门的一项基本日常工作，招聘工作做得科学与否，直接决定了企业人力资源的潜质发挥与企业发展。SAP 人力资源管理的招聘模块设计精密，从招聘广告的媒体选择和招聘成本与收益的比较、应聘者个人基本信息和任职素质的维护、组织应聘者参加面试，到给应聘者发送回信、邀请面试、制作和签署合同、正式录用应聘者的每一个环节，SAP 都为我们设计了科学的、有条理的、高效的工作流程。相信通过对本章的学习，你不仅能够学会使用 SAP 人力资源管理系统的招聘模块在企业中实施招聘，还可以成为一名合格的招聘专员。

第六章 SAP 培训工作的实施。培训是人力资源部门的一项基础工作，有效的培训不仅有利于实现人职匹配，最大化地挖掘企业人力资源的工作潜力，还是人力资源管理工作中一项很好的激励手段。培训计划的制订和实施是进行人力资源管理长期激励的基本方法之一。人力资源管理部门的培训工作非常强调针对性和有效性，这正是 SAP 人力资源管理员工发展模块的基本设计理念。SAP 培训工作的开展起始于职位分析，结合员工现有的任职素质，进行比较分析，找出职位需求与员工素质之间的差距。这个差距是制订员工培训计划、考核员工培训效果的重要依据。员工培训计划的实施需要为员工制定培训课程，同时也需要为培训员工在企业中找到合适的继任者，从而既保证员工得到正常培训，也保障企业能够正常运作。

第七章至第八章 SAP 时间管理的实施。时间管理是 SAP 人力资源管理系统中的特色功能之一。传统的人力资源管理常常将时间管理局限为员工考勤，大大削弱了时间管理功能的发挥，从而出现对员工事假和病假管理松散、对员工加班时间不能及时且有效加以记录和认定、员工年假不能充分灵活地利用等问题。SAP 人力资源管理非常重视时间管理，对员工出勤、缺勤、加班、事假、病假、年假等都做了细致的管理规定，不仅能够及时、准确地分门别类记录员工工作时间内发生或即将发生的事件，还能够定期对全体员工进行时间评估，从而有效地将时间管理与绩效考核、薪酬管理紧密相连。

第九章 SAP 绩效评估的实施。绩效评估是人力资源管理部门的核心职能之一。在实际业务中，企业常常为寻找和改进适合企业管理运作的绩效评估方法、绩效评估工具、绩效评估指标等问题而投入很多的时间和精力。新版本的 SAP 人力资源管理绩效评估模块，选择了与企业战略管理思想紧密相连的目标管理（MBO）理念，作为绩效评估方法的设计理念，结合 360 度绩效评估反馈思想，为企业人力资源管理部门设计了多种绩效评估模板。企业可以选择最适合自身管理实际的绩效评估模板，高效地完成选择绩效评估方法、工具、参考评估指标等工作，还可以根据评估模版设计的评估指标，制订富有企业特色和部门特色的评估数据；定义指标考核分级；按照 SAP 人力资源管理绩效评估的流程思想，轻松、有条理地完成绩效评估工作。相信通过本章的学习，你能够体会企业战略人力资源管理的绩效评估思想，掌握科学、高效的绩效评估实施流程。

第十章至第十一章 SAP 工资管理的实施。工资管理是人力资源管理部门的核心业务之一，这两章将向各位初学者介绍为企业员工实施工资管理的完整操作过程。SAP 工资管理的实施，首先需要配置前期工资管理员与准备员工工资数据，之后运行工资发放流程与制作工资报表程序。如果企业同时上线了 SAP 财务管理模块，SAP 工资发放最后还需与财务管理集成——过账。

第十二章 SAP 人力资源管理报表查询工具。SAP 人力资源管理系统设计了非常成熟的各类报表查询工具，极大地方便了人力资源管理者在业务操作时，及时、准确、方便、快捷地查找到需要查看、维护或做统计分析的人员数据。通过本章的学习，你将会发现 SAP 人力资源管理的报表查询工具是查询"小当家"！

相信本书的实训指导能让更多的 SAP 初学者系统掌握 SAP 人力资源管理系统的设计理念、工作流程和操作技能。"世上无难事，只怕有心人"，愿各位读者早日成为国际复合型管理人才，成就辉煌的职业人生！

目录 CONTENTS

第一章

登录和浏览 SAP R/3 系统

学习背景

为了有效、自如地使用 SAP R/3 系统,初学者首先需要熟悉 SAP 系统的基本功能界面,并根据自己的工作需要来定义个性化的初始界面。本章会为 SAP 新手们揭开 SAP 系统的神秘面纱。

本章数字化资源链接如下:

https://www.icourse163.org/course/SWUFE-1003087008? utm_campaign = share&utm_medium = iphoneShare&utm_source = qq. 相关视频、课件、讨论互动资源详见第一讲和第二讲的教学资源。

学习目标

通过本章的学习与操作,你将了解人力资源管理信息系统发展的历程、基本功能;学会如何登录 SAP 系统,熟悉 SAP 系统界面的基本设置,你还将学会如何根据自己的工作需要和工作偏好来设置 SAP 系统的初始界面。

学习内容

1. 了解人力资源管理信息系统的发展历程。
2. 了解人力资源管理信息系统的基本功能。
3. 学习如何登录 SAP R/3 系统。
4. 了解 SAP R/3 系统中的功能模块;熟悉 SAP R/3 系统中人力资源管理模块的主

要功能。

5. 学会如何根据工作需要打开相应的工作界面。

6. 熟悉帮助键 F1 和 F4 的用法；学会使用收藏夹，建立个性化的收藏夹。

一、人力资源管理信息系统的发展历程

人力资源管理信息系统经历了从 HRIS 到 HRMS 到 e-HR 的历程。这一历程是从传统手工制表，使用简单的薪资计算器，到充分利用电脑梳理规范、系统化业务流程，再到依靠信息技术和互联网平台，全员参与管理，通过数据的整合、分析、预测，为组织战略发展提供重要的决策依据的历程。如图 1-1 所示。

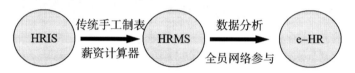

图 1-1　人力资源管理信息系统发展历程

HRIS：全称 Human Resources Information System，人力资源信息系统。它非常重视采集员工个人信息和工作数据，处理简单的员工人数统计、考勤与薪资计算工作，但不参与管理。因此，HRIS 适用于不超过 250 人规模的小型组织，基本属于人工人力资源管理模式。

HRMS：全称 Human Resources Management System，人力资源管理系统。HRMS 重视数据的管理工作，借助电脑和人力资源管理专业软件进行人力资源管理的开发与应用，拓展了传统人力资源管理业务领域。HRMS 在档案管理、考勤管理、工资管理等基础业务的基础上，发展了员工培训管理、绩效管理、招聘管理等业务模块，并将每种业务通过软件设计了规范标准的业务流程，人力资源管理工作迈入了系统化、规范化的新时代。

e-HR，即电子人力资源管理。随着互联网的普及，人力资源管理工作已经不再是人力资源管理部门的工作了，而是需要全员参与，共同管理。全员通过 e-HR 平台完成权限互动，自助管理。

二、人力资源管理信息系统的功能

人力资源管理信息系统的功能可分为四大类：

第一类：员工基本事务管理，是 HRIS 阶段保留下来的业务，如人事行政管理、组织机构管理、福利管理、考核和休假管理、薪资计算和发放、法定报表。

第二类：员工职业生命周期管理，是 HRMS 阶段保留下来的业务，如招聘管理、培训管理、绩效考核、员工发展和素质模型管理、薪酬管理、人员配置管理。

第三类：人力资源计划与分析，是 SHRMS 战略人力资源管理阶段的新增业务，如业务战略计划、分配和优化；人力成本的计划和模拟；组织发展、规划管理；人力资源

关键业绩指标监控；人力资源统计分析和报表功能等。

第四类：人力资源服务，是 e-HR 阶段新增的业务，包括经理自助服务、员工自助服务。

如图 1-2 所示：

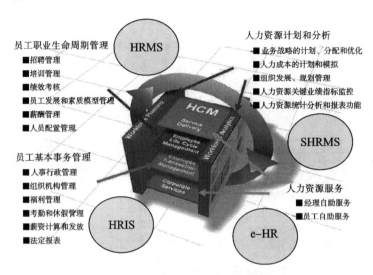

图 1-2 人力资源管理信息系统的功能

三、登录 SAP R/3 系统的方法

双击桌面 SAP 图标，进入登录对话框面页：利用教师分配给你的客户端代码、用户名、初始密码进行初次登录，并填写如下信息（图 1-3）：

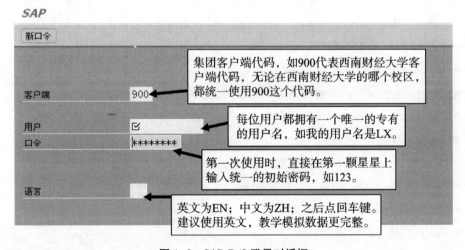

图 1-3 SAP R/3 登录对话框

登录对话框显示了四条信息：

• 客户端：是指集团客户端代码：如 900，代表西南财经大学客户端代码，无论在西南财经大学的哪个校区，都统一使用代码 900。

- 用户：用户栏目中有"勾"，代表必填项。每位用户都拥有唯一的专有的用户名。
- 口令：指密码。初次使用时，在第一颗星星处开始输入统一的初始密码，如 123。
- 语言：本系统支持多语言，常用的英文为 EN，中文为 ZH，选择语言之后点回车键。本书建议大家使用英文，因为英文环境中的教学模拟数据更完整。在学习过程中大家也可以积累很多关于人力资源管理的英语专业词汇。

当你需要切换中、英文版本时，请退出登录。重新登录时在语言中输入对应的语言代码即可。

填写完全部项目后，点击回车键，系统提示修改初始密码（图1-4）。

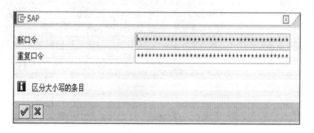

图 1-4　登录 SAP R/3 时提示修改初始密码

系统提示"请修改初始密码，并确认自定义的密码，今后你的课堂操作数据也因你的密码设置而受到保护"。

四、SAP R/3 主菜单的基本内容

成功进入 SAP 系统后，系统初始界面的名称是：SAP Easy Access（SAP 轻松访问）。浏览一下主菜单 SAP menu，你会看到 SAP R/3 系统包含的主要业务功能（英文后的中文解释为相关业务提示）：

- Office 办公室交互业务
- Cross-Application Components 交叉协同业务
- Collaboration Projects 合作项目
- Logistics 物流管理业务
- Accounting 财务管理业务
- Human Resources 人力资源管理业务
- Information System 报表管理业务
- Tools 工具与设置

SAP R/3 系统的 HR 模块包含哪些主要的功能呢？（英文后的中文解释为相关业务提示）

- Managers Desktop 管理者桌面
- Personnel Management 行政管理（含招聘、员工发展、绩效管理等核心业务）
- Time Management 时间管理

- Payroll 薪资管理
- SAP Learning Solution 在线帮助
- Training and Event Management 培训与商务事件
- Organizational Management 组织管理，主要完成员工与职位匹配工作
- Travel Management 差旅管理
- Information System 报表管理
- Environment，Health and Safety 环境、健康与职业安全管理

五、口令法与路径法

在人力资源管理操作系统中，用户和软件沟通有两种方式，一种是口令法，一种是路径法。

口令法：在命令区（Command Field）中输入口令，实现任务启动。比如，在命令区输入口令 PA30，点击回车键即可进入员工主数据界面。

路径法：在主菜单中，通过一层层展开业务路径，实现任务启动。比如，在 SAP menu 中，应用路径法层层展开如下项目：Human Resources——Personnel Management——Administration ——HR Master Data ——Maintain，双击 Maintain，一样可进入员工主数据界面。

两种方法殊途同归，用户可根据自身的使用偏好和习惯自行选用。

六、帮助键与收藏夹的功能

键盘 F1 键和 F4 键具有不同的帮助功能。F1 键告诉你光标所在处的含义和用法；F4 键提示你光标所在处应填写的内容。同学们在未来的学习和工作中，如果遇到不熟悉的细节项目，可以积极使用 F1 键和 F4 键，以提高工作效率。

在主菜单中，收藏夹 Favorates 被置顶。平日工作使用频率极高的业务，可以放于收藏夹中，以提高工作效率。将高频业务放入收藏夹中有两种方法：右键添加法和拖拽法。

下面，我们通过一些练习题，来体验本章的相关学习内容。

实训练习题

一、登录 SAP R/3 系统。

1. 记录你的登录步骤：

_____

_____

2. 利用老师分配给你的客户端代码、用户名、初始密码进行初次登录，并填写如下信息：

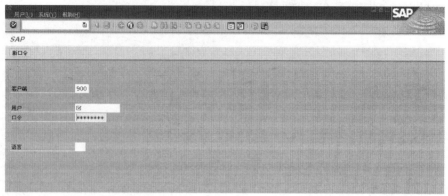

3. 当你填写完全部空白处，点击回车键后，系统对你做出怎样的提示？

_____

4. 你修改的新密码是？

_____

5. 当你需要切换 SAP R/3 系统的中、英文版本时，你会怎样处理？

_____

_____

二、当你成功进入 SAP R/3 系统中时，请回答如下问题：

1. 系统初始界面的名称是：

_____

2. SAP R/3 系统包含哪些功能模块？

_____

_____

3. SAP R/3 系统的 HR 模块包含哪些主要的功能？

_____

_____

_____

三、在熟悉如下 SAP R/3 基本界面的过程中，请你对如下问题做出回答：

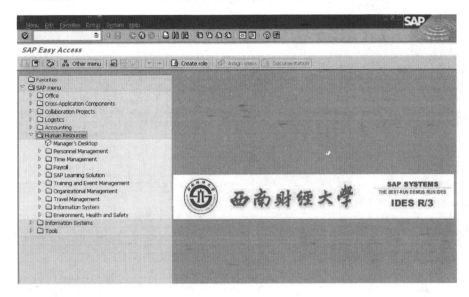

1. 请在 SAP 的初始界面中标识出人力资源管理模块的主要功能的名称。

_____

_____

_____

_____

_____

_____

_____

_____

_____

2. 在命令区（Command Field）中输入如下命令，会产生怎样的结果？

Entry	Results
/n：	
/o：	
/i：	
SU03	
SM04	
/nsm04	
/nend	
/nex	

应用与提高

1. 如何创建/关闭一个窗口?

2. 参考如下界面, 写出进入到 SAP R/3 人力资源管理 (HR) 模块中的员工主数据 (Master Data) 维护 (Maintain) 界面的方法。

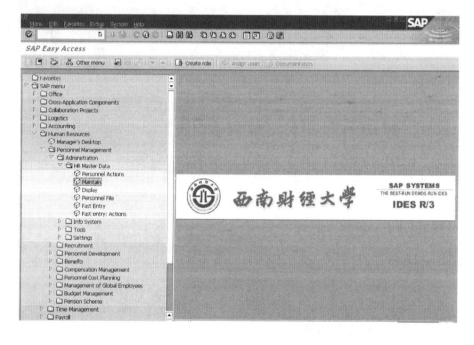

3. 以员工主数据维护界面中的员工代码 (Personnel no.) 为例, 参考如下界面, 说明帮助键 F1 和 F4 的主要区别是什么。

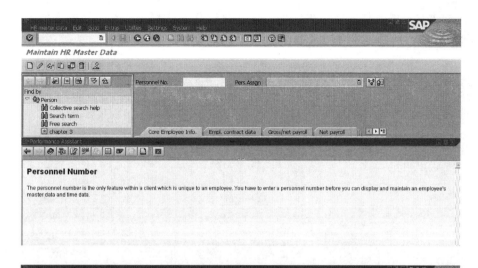

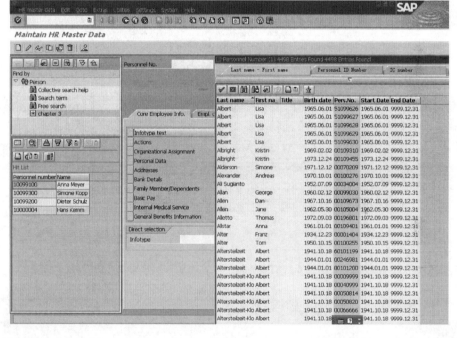

4. 根据自己的工作需求，你如何自定义个性化的收藏夹？参考如下界面，写出将常用维护界面添加到收藏夹的方法。

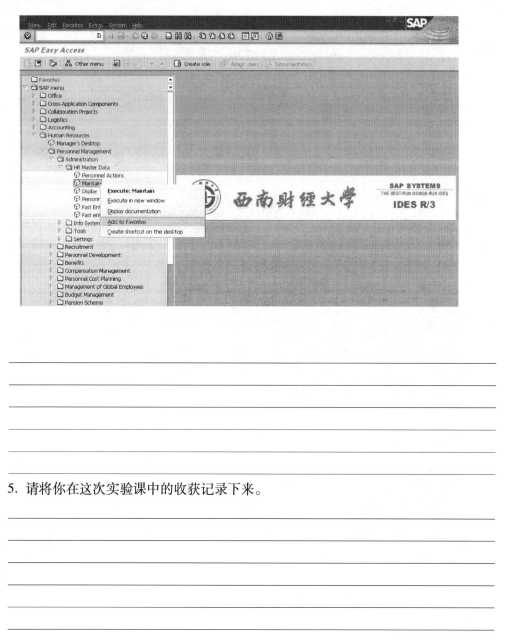

_____

_____

_____

_____

_____

5. 请将你在这次实验课中的收获记录下来。

_____

_____

_____

_____

_____

第二章
SAP 人力资源管理的层级结构

学习目标

SAP 人力资源管理的层级结构是 SAP 人力资源管理的灵魂，也是操作和设计 SAP 人力资源管理的根基。本章将向各位初学者介绍 SAP 人力资源管理中的三类结构，即企业结构、人事结构和组织结构。本章可以使你对 SAP 人力资源管理有一个全局的认识，并能够根据管理工作的需要，在 SAP 系统中创建或更改组织结构，这也是 SAP 人力资源管理中最为基础的一项工作技能。

本章数字化资源链接如下：

https：//www.icourse163.org/course/SWUFE-1003087008？utm_campaign＝share&utm_medium＝iphoneShare&utm_source＝qq. 相关视频、课件、讨论互动资源详见第三讲和第四讲的教学资源。

学习背景

人力资源管理思想的核心是实现人与职位的最佳匹配，即将合适的人分配在最适合他的职位上工作，才能发挥出人力资源的最大潜质。SAP 人力资源管理的层级结构为人与职位匹配搭建了虹桥，我们可以根据组织在不同发展阶段的需要，调整、变更 SAP 系统中的组织结构；实现员工与职位的匹配；实现不同职位、不同职务、不同部门之间的良好业务关联。

学习内容

1. SAP 人力资源管理的三类结构。
2. 熟悉维护组织结构数据的路径。

3. 养成记录维护数据有效期的习惯。

4. 创建一个新的组织单元。

5. 创建隶属于新组织单元之下的不同职位。

6. 将员工与职位相匹配。

组织在人力资源管理实践中，为了对员工进行高效的时间管理、薪资管理和行政管理，管理者首先需要对员工进行分层分类管理。

SAP 人力资源管理的层次结构是 SAP 人力资源管理的灵魂，也是操作和设计 SAP 人力资源管理的根基。SAP 人力资源管理有三类结构：企业结构、人事结构和组织结构。如图 2-1 所示。

图 2-1 SAP 人力资源管理的三类结构

一、企业结构

企业结构如同描绘组织布局的一张地图，有地域分布，也有业务和职能分工。如图 2-2 所示，集团客户端代码 800，有三家分公司，分别是德国分公司（代码 1000）、

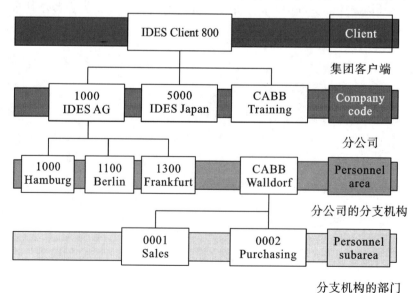

图 2-2 SAP 企业结构示例

日本分公司（代码5000）和培训中心（代码CABB）。德国分公司有三家分支机构，分别位于 Hamburg（汉堡，代码1000），Berlin（柏林，代码1100），Frankfurt（法兰克福，代码1300）；培训中心位于 Walldorf（沃尔多夫），由于没有更多的分支机构，所以分支机构代码和分公司代码一样都是 CABB。培训中心有两个业务部门，分别是 Sales（销售部，代码0001）和 Purchasing（采购部，代码0002）。

企业结构中的核心概念有：

- 集团客户端（Client）：在管理信息系统中代表一家独立的法人组织；
- 公司代码（Company code）：代表一家独立的分支机构，拥有独立的财务核算体系；
- 人事范围（Personnel area）：代表分支机构内设的部门；
- 人事子范围（Personnel subarea）：是人事范围的细分，代表部门下设的基层单元。
- 成本中心（Cost center）：是对所有目标单位的成本和费用承担控制、考核责任的中心。各单位所指派的成本中心，具有层级继承性。

二、人事结构

人事结构，是为了便于对员工做好时间和薪资管理，而对员工进行分类管理的一种方法。比如组织中有在职全职员工、兼职临时员工、退休人员等，企业对这些人员的工作时间要求不同，工资发放条件也有所不同。

人事结构中的核心概念有：

- 员工组（Employee Group）：是对员工群体的粗略划分。比如兼职员工的工作时间，一般是按照业务合作项目约定，灵活安排；其薪资管理也常常按照业务合作项目约定结算；对于在职全职员工的工作时间，有严格的管理制度和考核制度约束，其薪资管理按照组织的薪资管理制度执行；退休员工无须工作时间管理，其薪资管理按照组织对退休人员的薪资管理制度执行。
- 员工子组（Employee Subgroup）：是对员工组的进一步细分。比如在职全职员工可以进一步细分为：实习生，工作时间通常为1-3个月，时间管理相对宽松，有薪资补助或没有薪资；计时工资员工，工作时间通常按小时计算，有轮班安排，薪资管理以具体核算的有效工作时间为主；年薪制员工，工作时间相对自由，薪资管理以劳动合同约定的固定年薪为上限，以完成绩效考核目标承诺为主；佣金制员工，工作时间相对自由，薪资管理常常以销售提成为主，可期待空间较大。
- 薪资范围（Payroll Areas）：是为了合理安排发放工资进程而设计的人事范围的要素。对于大型组织而言，由于员工人数众多，如果每月在同一天集中发放工资，不仅人力资源管理部门和财务部门的相关业务时间过于集中，压力过大，从社会角度而言，银行资金流出过于巨大，会增加银行经营风险。因此，大型组织的工资发放，通常会分批次进行，从而实现业务部门、组织和社会的平衡。

假设如图 2-3 所示，有两组员工，第一组的员工，薪资范围的代码是 X0，其薪资发放规则是每月月底，发放本月工资；第二组员工，薪资范围的代码是 X1，其薪资发放规则是每月月初，发放上个月的工资。这样，在一个月内会有间隔、分批次地推进工资发放工作。

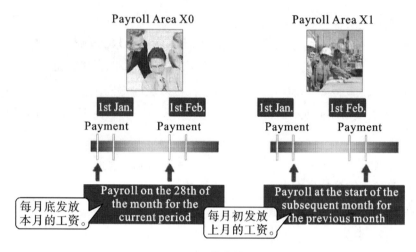

图 2-3　SAP 薪资范围示例

三、组织结构

组织结构描绘了人职匹配的环境和构架，职位对应的责任和权限，上下级的隶属关系以及部门结构。

组织结构包含的核心概念有：部门、职务、职位和员工等。

● 部门（Org Unit）：部门描述了组织中存在的各种各样的业务单位。业务部门及其相互之间的关系，形成了组织机构。比如，从最高层董事会，到中层人力资源部、财务部，再到基层薪资处室、其他业务处室、信贷处室、客户处室、审计处室，无论层级高低，部门大小，只要有独立的业务分工，在 SAP 系统中都统称为"部门"。

● 职务（Job）：对员工从事工作的大致分类。比如，有部门经理职务、采购员职务、秘书职务等。职务具体是指哪个部门的部门经理，哪类物料的采购员，谁的秘书，并不确定，因此职务是对员工从事工作的大致分类。

● 职位（Position）：分配给每一位员工的岗位。因此职位是对职务的细化，同一个职务可以被细化为多个职位。在 SAP 人力资源管理信息系统中，建议一人一岗，当然如果出现多人一岗的情况，我们将在 SAP 时间管理板块中安排轮班时间表。

● 员工（Person）：职位的任职者。

下面，我们通过一些练习题，来体验本章的相关学习内容。

实训练习题

根据如下界面提示，请分别写出 SAP 人力资源管理中企业结构、人事结构和组织结构所包含的要素名称。

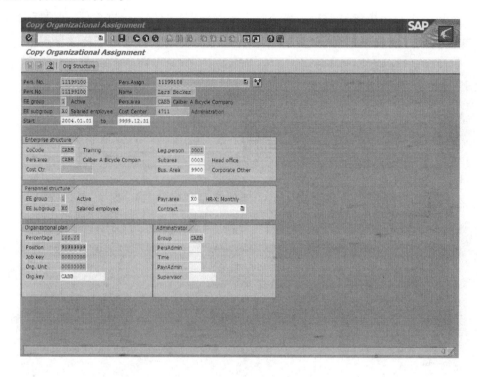

1. 企业结构包含的要素有：_____

_____

_____

2. 人事结构包含的要素有：_____

_____

_____

3. 组织结构包含的要素有：_____

_____

_____

应用与提高

一、请阅读如下业务情景：

某公司因业务管理的需要，于 2003 年 1 月 1 日起新增一个部门，该部门持续期为 3 年，其成本中心被指派为 4711。该部门之下设有两个职位，分别为部门经理和部门行政干事（部门经理职位隶属于经理这个职务，部门行政干事隶属于行政管理员这个职务）。目前该部门经理人员已经确定是 Lars Becker，其员工代码为 111991##。

1. 参考如下界面，说明如何在初始界面的主菜单中进入我们需要维护的交易界面。

进入维护组织结构界面的方法是：_____

_____

_____

2. 根据以上信息，确定此次数据维护的有效期区间为：_____

3. 假设新增部门即组织单元（Organization Unit）名称为##Organization，简称为 ##Org，在创建并维护这个新部门的过程中，请在如下界面中的空白处填空。

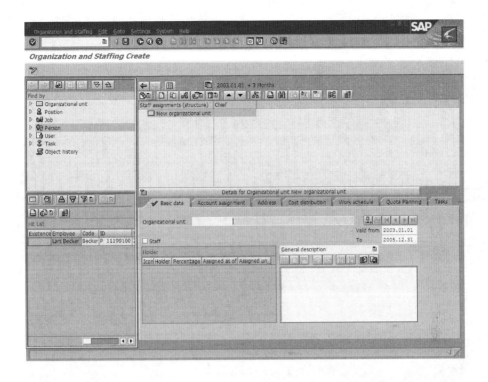

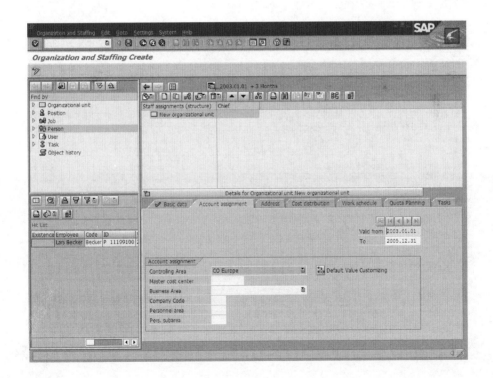

4. 新部门建立和维护完毕后存盘，参考如下界面，写出如何创建该部门之下的职位一——部门经理。假设该部门经理职位定义为 00 Head of Department，简称为 00 Dept. Mgr，其隶属的职务定义为 00 Manager。

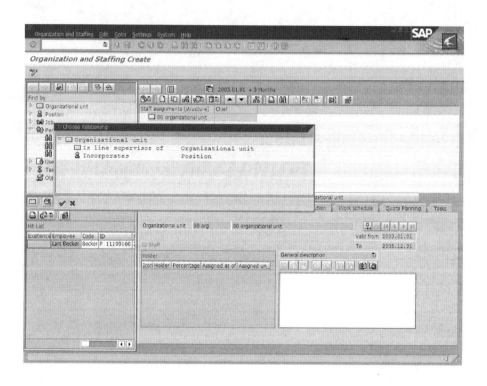

建立部门经理职位的步骤是：_____

_____

_____

5. 如何根据题目要求维护部门经理这个职位？参考如下界面，在必要的地方填写维护的数据。

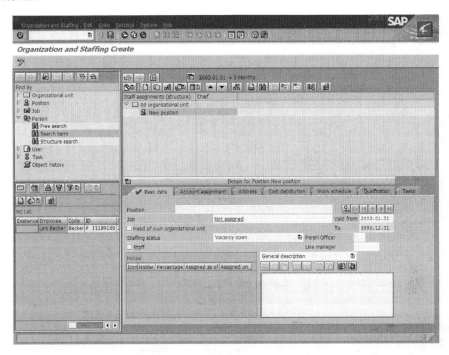

6. 创建和维护新部门下的职位二即部门行政干事的步骤与 1.4 和 1.5 有何差异？

_____

_____

7. 参考如下界面，说明如何找到 Lars Becker（员工代码为 11991##）。

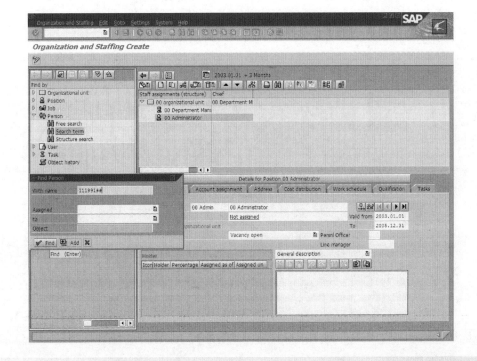

找到 Lars Becker 这个员工的步骤是：_____

_____

_____

_____

8. 记录下你创建的新部门及其构成（请附上部门、职位和员工的图标）。

二、请总结出创建一个组织计划（Organization Plan）的基本流程。

三、请将你在这次实验课中的收获记录下来。

_____

_____

_____

_____

_____

_____

第三章
SAP 员工行政管理（一）

学习目标

　　SAP 员工行政管理是企业人力资源管理中最基本的日常工作，它包括员工主数据的录入、更改和根据管理需要进行的相关数据维护。员工行政管理的维护方法有三种，即单屏维护、快速录入和人事事件维护。这三种方法各有其最适合应用的业务场景，本章我们将重点学习单屏维护的使用方法。

　　本章数字化资源链接如下：

　　https：//www.icourse163.org/course/SWUFE-1003087008？utm_campaign＝share&utm_medium＝iphoneShare&utm_source＝qq. 相关视频、课件、讨论互动资源详见第五讲的教学资源。

学习背景

　　单屏维护是 SAP 员工行政管理中最常用、最基本的一种维护员工信息数据的方法。在人力资源管理实务中，当我们需要查看、录入、更新、修改某一位员工的信息数据时，我们通常使用 SAP 员工行政管理功能的单屏维护方法。单屏维护的特点是一次维护一位员工（一个代码）的一个信息类型（infotype）。

学习内容

　　1. 学会使用员工行政管理的搜寻功能，准确快速地找到我们需要进行数据维护的员工。

2. 根据人力资源管理工作的需要，查看员工各类信息类型下的相关记录。

3. 根据人力资源管理工作的实际情景，创建记录相关事实的信息类型。

4. 根据人力资源管理工作的实际情景，更改或更新员工的某类信息类型下的相关记录。

SAP 员工行政管理的维护方法有三种，即单屏维护、快速录入和人事事件维护。这三种方法各有其最适合应用的业务场景。

一、员工行政管理的三种维护方法

单屏维护（Single Screen/Maintain）：一次维护一位员工的一个信息系类型。这是员工行政管理维护最基本的方法，普遍适用于所有行政管理的情景。

快速录入（Fast Entry）：一次维护多位员工的同一个信息类型。比如，在发放工资时，一次维护同批次员工的同一种工资数据。快速录入是一种非常高效的业务处理方法。

人事事件维护（Personnel Actions）：一次维护一位员工的一系列信息类型。比如，新员工入职，需要为该员工创建一系列相关信息数据，人事事件维护是一种非常高效的业务处理方法。

二、信息类型的含义

信息类型（infotyps），是指逻辑数据组，即一个信息类型中包含多个数据。这些数据之间有逻辑关联性，所以归于同一个信息类型。信息类型有名称，也有代码。

如图 3-1 所示，员工号为 10099100 的这位员工，列出的信息类型有：组织分配、员工个人信息、地址、基本工资、计划工作时间五个信息类型。其中信息类型组织分配包含了企业结构、人事结构、组织结构等数据信息。

图 3-1 信息类型示例

三、单屏维护的操作规则

单屏维护，一次维护一位员工的一个信息类型。在使用单屏维护时，需要确认员工代码和信息类型的名称或代码。

确定所需维护的信息类型，可以在清单中选择，也可在信息类型项目中输入信息类型的名称或代码。

下面我们通过模拟业务情景，理解信息类型和含义以及单屏维护的操作方法。

实训练习题

1. 什么是信息类型（infotype）？

_____

_____

2. SAP 人力资源管理中，员工行政管理的数据维护有哪些常用的方法？这些方法的区别是什么？

_____

_____

_____

_____

应用与提高

一、在 SAP 主菜单界面上，将员工行政管理的单屏维护、快速录入和人事事件维护这三种常用的维护方法，添加到收藏夹（Favorites）中。

1. 你有几种方法将 SAP 常用功能选项添加到收藏夹中？简单地记录下来。

_____

_____

_____

_____

2. 如何将已添加到收藏夹中的常用功能从收藏夹中删除？记录下来你使用的方法。

_____

_____

_____

_____

二、今天我们需要对某个生产部门的几位员工进行信息数据维护。为了避免重复搜寻员工的工作，我们可以将该生产部门的所有员工保存在单屏维护查询区的"搜寻变量"中。以后只要我们点击这个"搜寻变量"，就可以找到该部门中的所有员工。

1. 点击 main，进入员工行政管理的单屏维护界面，参考如下界面，写出你找到 ##Production 这个部门的方法和步骤。

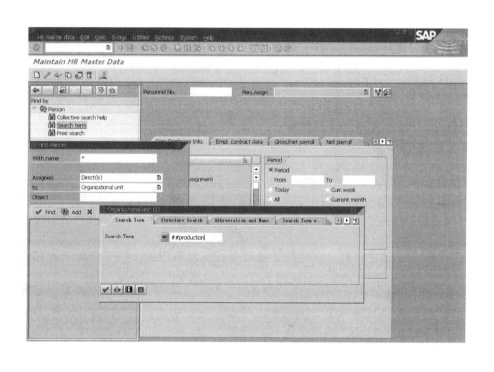

_____

_____

_____

_____

2. 参考如下界面，写出在单屏维护界面的查询区添加"搜寻变量"（假设命名为 Chapter 3）的方法和步骤。

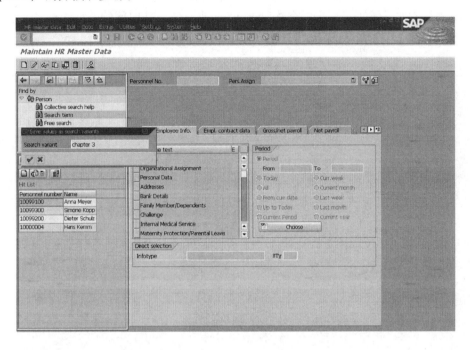

3. 请记录下来你所查找到的某生产部门所有员工的姓名和员工编号。

三、作为人力资源管理者，你需要查看该生产部门 Dieter Schulz 的时间管理数据——计划工作时间的安排。

1. 请参考如下界面，写出你查看 Dieter Schulz 计划工作时间的方法和步骤。

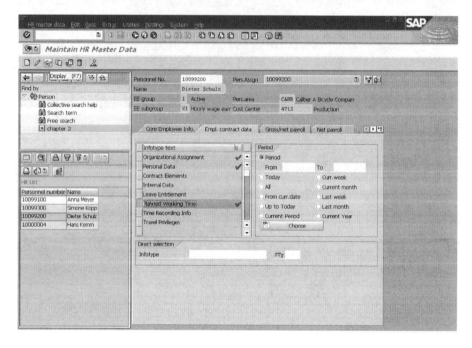

2. 记录 Dieter Schulz 计划工作时间的查看结果。

Dieter Schulz 的时间管理状态是：_____

Dieter Schulz 的计划工作时间规则：_____

四、如果你是 Anna 和 Dieter 两位员工的时间管理员（考勤员），你的管理代码是 G##。请为这两位员工维护如下时间管理信息：从 2003 年 1 月 1 日起，Anna 和 Dieter 两位员工的时间管理员（考勤员）的代码是 G##。

1. 参考如下界面，写出你进入维护 Anna 时间管理员代码维护界面的方法。

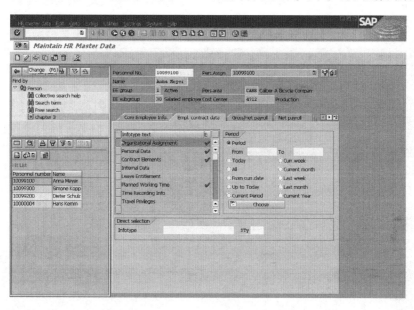

2. 维护完 Anna 的时间管理员代码数据后，存盘。以同样的方法进入 Dieter 的时间管理员代码维护界面中。参考如下界面，在空白处填写维护过程中必须录入的数据。

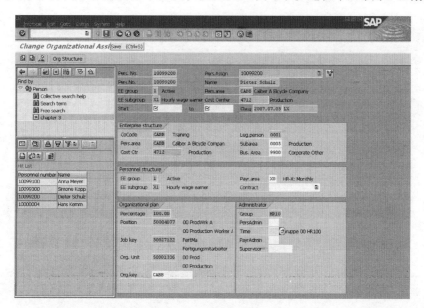

五、今天 Anna 在公司阅览室借阅了一本图书，借阅期为四周，请在系统中以信息类型（infotype）——"借物（Objects On Loan）"记录下来这条信息。

1. 参考如下界面，写出为记录 Anna 借阅图书事件，你是如何找到信息类型"Objects on Loan"的？

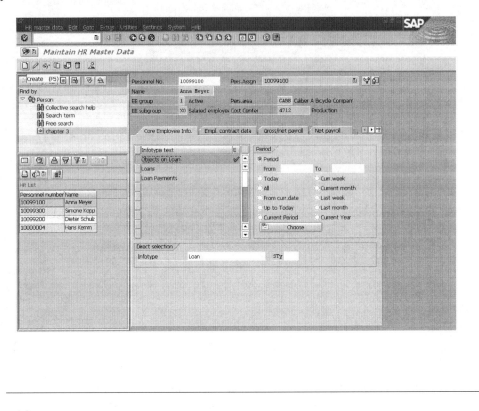

2. 参考如下界面，在空白处填写维护 Anna 借阅图书事件必须录入的数据。

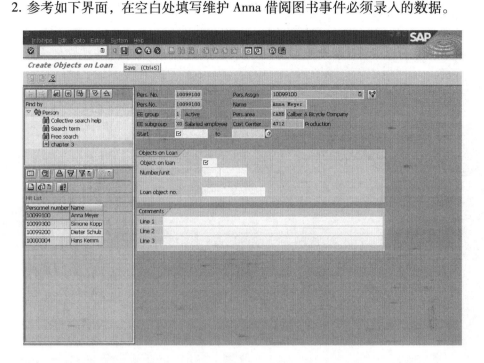

六、今天你在工作过程中，发现员工 Anna 的住址信息记录有误，请将 Anna 的住址信息更改为 9750 Lilly Lane。

1. 参考如下界面，写出修改 Anna 住址信息的方法。

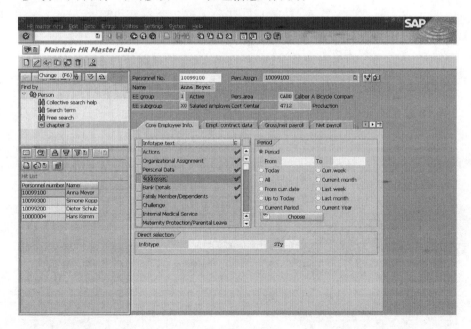

2. 如下界面是员工 Anna 当前的住址信息，请写下需要更改的内容。

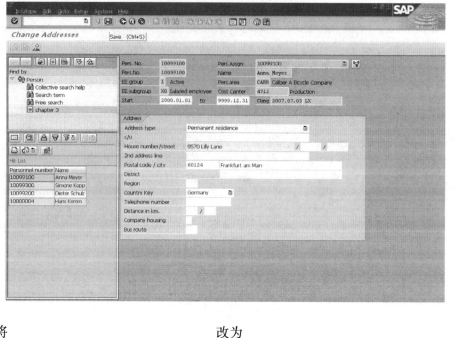

将＿＿＿＿＿＿＿＿＿＿＿＿＿＿＿＿改为＿＿＿＿＿＿＿＿＿＿＿＿＿＿＿＿＿

将＿＿＿＿＿＿＿＿＿＿＿＿＿＿＿＿改为＿＿＿＿＿＿＿＿＿＿＿＿＿＿＿＿＿

修改完后，应注意要＿＿＿＿＿＿＿＿＿＿＿＿＿＿＿＿＿＿＿＿＿＿＿＿。

七、员工 Simone 从 2003 年 1 月 1 日开始，每月将获得 200 欧元的奖金，请为 Simone 维护这条信息。（提示：奖金的工资类型代码是 M230）。

1. 参考如下界面，写出进入维护员工 Simone 奖金数据界面的方法。

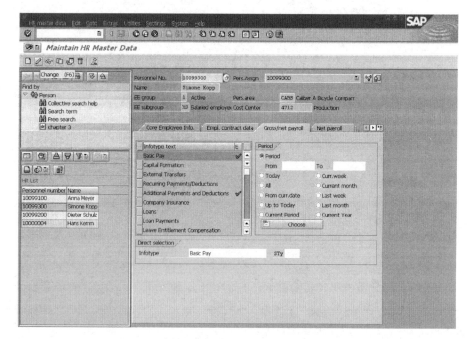

2. 请在如下界面中填写维护 Simone 奖金数据的必要项目。

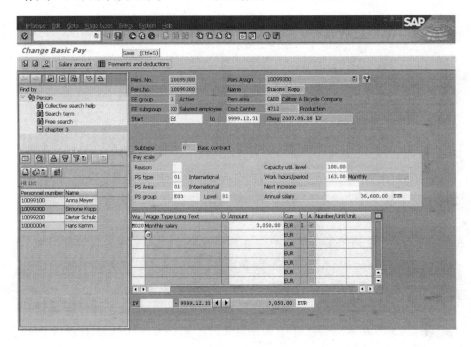

八、请将你在本次实验课中的收获记录下来。

第四章
SAP 员工行政管理（二）

学习目标

在学习了 SAP 员工行政管理最基本的单屏维护后，本章将向各位初学者介绍 SAP 员工行政管理的快速录入和人事事件的维护方法。这是两种高效的信息维护方法：当我们在工作中遇到需批量新建或修改数据的时候，快速录入的维护方法可让我们的工作事半功倍；当我们在工作中需要快速录入新员工的核心主数据时，人事事件的维护方法能大大提高我们的工作效率。相信通过本章的学习，你会对 SAP 员工行政管理的应用技能更加得心应手！

本章数字化资源链接如下：

https://www.icourse163.org/course/SWUFE-1003087008？ utm_campaign=share&utm_medium=iphoneShare&utm_source=qq. 相关视频、课件、讨论互动资源详见第六讲和第七讲的教学资源。

学习背景

快速录入的维护方法可以一次维护多个员工的同一个信息类型，因此它常被用在人力资源的薪酬管理中。当某个部门或某个（分）公司对所有员工进行薪酬调整的时候，我们使用快速录入的方法可以完成一次性批量维护的工作。人事事件的维护方法在对员工职位调整或新员工录用时，可一次性完成若干核心信息类型的维护工作。

学习内容

1. 应用快速录入的方法维护多个员工薪酬调整的数据。
2. 应用快速录入的方法维护某部门所有员工薪酬调整的数据。
3. 应用人事事件的方法维护某位员工职位调整后的信息更新。

上一章我们学习了员工行政管理的维护方法有三种，即单屏维护、快速录入和人事事件维护，并通过业务情景操作掌握了单屏维护的使用方法，本章我们学习"快速录入"和"人事事件"的操作方法。

一、快速录入法的使用情景

快速录入法的特征是一次维护多位员工的同一个信息类型，是一种批量完成人员管理的高效方法。快速录入法常用的业务情景有两种：

情景 1：不同员工在不同时间获得不同金额的奖金，选择统一时间，批量维护。比如每天可能有不同员工发生在不同时间段的加班数据，如果发生一次记录一次，工作过于繁杂，管理者会选择统一时间点，批量维护这些员工的加班津贴核算。

情景 2：同部门的员工，在相同时间获得相同金额的奖金，使用快速录入法批量完成。比如节日慰问津贴，由于不同部门的业务分工不同，创收能力不同，慰问津贴的金额有差异，但是同一部门的所有员工，无论工龄长短，职务高低，通常节日慰问津贴金额都是一致的，这时运用快速录入法完成业务会非常便捷。

二、人事事件法的使用情景

人事事件是一次维护一位员工的一系列信息类型。这一系列信息类型通常为：事件类型（Actions）、个人信息（Personal Data）、组织分配（Organizational Assignment）、地址信息（Addresses）、计划工作时间（Planned Working Time）、基本工资（Basic Pay）、银行账户信息（Bank Details）、带薪休假缺勤配额（Absence Quotas）等。

使用人事事件法，首先需要确定员工代码、时间。老员工用内部人员员工代码，新员工用应聘者代码。之后选择业务类型，如新员工入职、职位调动、员工离职、员工退休、薪资调整等业务类型。不同业务类型使用的信息类型数量有所不同，通过"执行键"来启动一系列信息类型按顺序维护。

下面，我们通过一些练习题，来体验本章的相关学习内容。

实训练习题

1. 快速录入（Fast Entry）方法有哪两种适用的业务情景？

_____

_____

_____

2. 人事事件（Personnel Action）的维护方法，包含了哪些核心的人事事件更新？

_____

_____

_____

应用与提高

一、假设今天是 2003 年 3 月 1 日，你作为薪酬主管，今天需要录入三名员工的奖金信息。奖金（Bonus）的工资类型代码是 5000。这三名员工获得的奖金分别为：

Anna（100991##）获得 500 欧元；Dieter（100992##）获得 300 欧元；Kopp（100993##）获得 200 欧元。

1. 点击主菜单界面收藏夹中的 Fast Entry，进入"快速录入"的界面。参考如下界面，填写必须录入的选项。

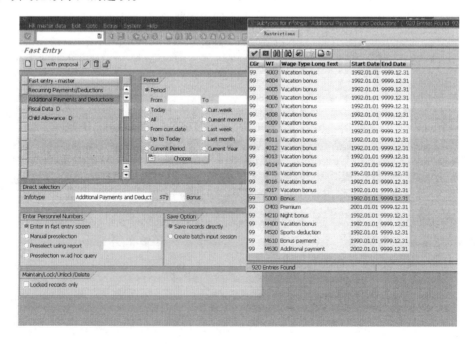

2. 参考如下界面，填写维护这三名员工奖金信息所必须录入的项目。

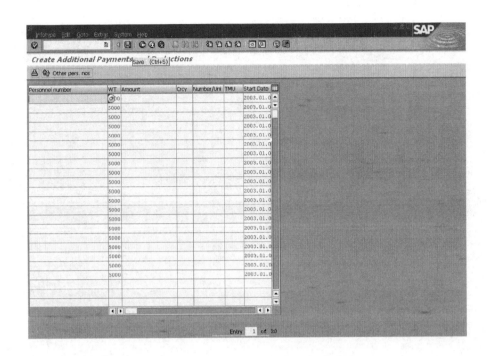

3. 请如实记录下来你的维护结果：

Personnel number	WT	Amount	Crcy	Start Date

二、假设今天是 2003 年 3 月 1 日，某董事会（## Executive Board）之下的所有成员从今天开始每人每月增加 150 欧元的奖金，请记录此信息。

1. 参考如下界面，填写为了维护题目要求信息所必须填写的项目。

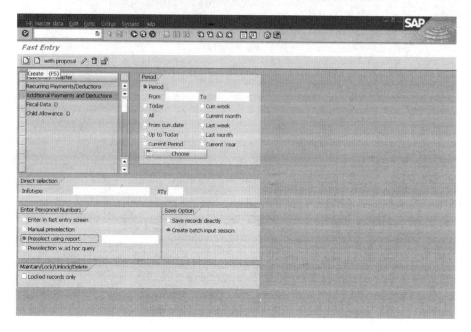

2. 本题情景的快速录入法和题目一情景中的快速录入法在操作上的主要区别是：

_____

_____

_____

3. 参考如下界面，写出你找到该董事会的路径。

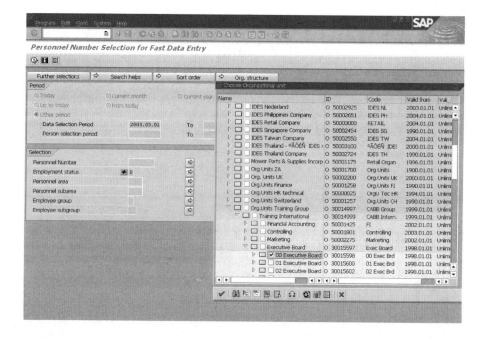

点击执行键后，你发现该董事会下共有_____名员工。

4. 请填写如下界面的空白处，通过快速录入法完成该部门员工薪酬调整的工作。

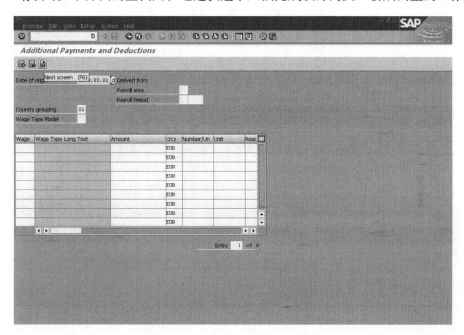

5. 在如下界面中，填写你需要维护的项目数据。

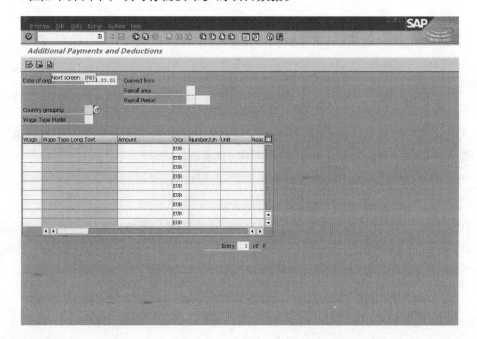

6. 请查看刚才通过快速录入法维护的某部门薪酬调整的结果。参考如下界面，说明完成上述要求的方法。

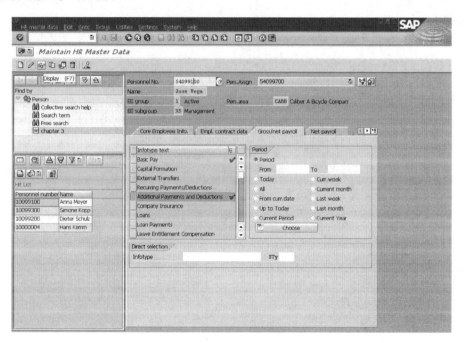

7. 根据你查看的结果，请填写如下信息：

Pers. No. _____   Name _____

Wage Type _____   Chng _____

Amount _____   Date of Origin _____

三、假设员工 Simone Kopp（员工编号为100993##）从今年 1 月 1 日起调到一个新部门——某高级生产设计部门（## Senior Product Designer）。请运用员工事件的维护方法，为维护职位调换的信息。这里需要维护的信息有：

（1）对员工 Simone Kopp 的原职位不创建职位空缺；

（2）员工 Simone Kopp 的计划工作时间不变；

（3）员工 Simone Kopp 的基本工资信息需要做调整，新职位的工资范围组代码为E03，工资范围水平代码为01。

1. 在 SAP 主菜单界面中，进入人事事件维护界面，之后参考如下界面，填写必须录入的信息。

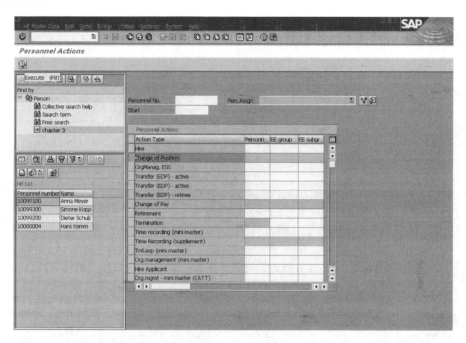

2. 参考如下界面，填写员工 Simone Kopp 职位调换所必须录入的信息。

3. 员工 Simone Kopp 的工作时间控制（Work Schedule Rule）和时间管理状态（Time Management Status）分别是什么？

_____

_____

_____

_____

4. 参考如下界面，在必要的空白处填写员工 Simone Kopp 调换职位后的薪酬变动。

五、请将你在这次实验课上的收获记录下来。

_____

_____

_____

_____

_____

_____

第五章
SAP 招聘工作的实施

学习背景

从本章开始，我们将按照人力资源管理的职能，分模块给大家介绍人力资源管理各项工作在 SAP 人力资源管理系统中的实现。招聘是人力资源管理部门的一项基本日常工作，招聘工作的科学与否，直接决定了企业人力资源的潜质发挥与企业发展。SAP 人力资源管理的招聘模块设计精密，从招聘广告的媒体选择及招聘成本与收益比较、应聘者个人基本信息和任职素质的维护、组织应聘者参加面试，到给应聘者发送回信、邀请其面试、制作和签署合同、正式录用应聘者的每一个环节，SAP 都为我们设计了科学、合理、高效的工作流程。相信通过本章的学习，你不仅能够学会使用 SAP 人力资源管理的招聘模块在企业中实施招聘，还可以成为一名专业的招聘专员。

本章数字化资源链接如下：

https://www.icourse163.org/course/SWUFE-1003087008？utm_campaign=share&utm_medium=iphoneShare&utm_source=qq. 相关视频、课件、讨论互动资源详见第八讲、第九讲和第十讲的教学资源。

学习目标

通过本章的学习与操作，你将掌握 SAP 人力资源管理的招聘流程理念，学会运用 SAP 人力资源管理的招聘模块为空缺职位创建合适的招聘广告；为应聘者创建应聘档案、发送面试邀请、制作劳动合同；随时查看系统自动生成的各类与应聘者应聘流程对应的文本文件；成功地将应聘者信息根据企业招聘需要转化为员工信息，圆满、高效地完成招聘工作。

学习内容

1. 学会为空缺职位创建招聘广告。
2. 能够运用 SAP 人力资源管理的招聘模块为应聘者创建档案。
3. 学会查看 SAP 人力资源管理招聘模块为应聘者发送的各类回复或预约电邮。
4. 能够运用 SAP 人力资源管理招聘模块向应聘者发送面试邀请函。
5. 能够运用 SAP 人力资源管理招聘模块为通过面试的应聘者创建劳动合同。
6. 应聘者与企业签署劳动合同后，能在 SAP 人力资源管理系统中将应聘者个人信息及时转换为员工信息。

招聘信息化管理是一套设计精良的流程型工作，为此，SAP 招聘管理设计了科学、高效的招聘"六步工作法"，即发现空缺职位──→发布招聘广告──→自动筛选简历──→组织面试──→签署劳动合同──→将应聘者数据转化为员工数据。

一、发现空缺职位

招聘源自职位需求，存在空缺职位 Vacancy，是招聘工作的基本前提。

通常空缺职位的信息收集来源于组织内所有业务部门的上报，人力资源部不仅需要收集各部门的空缺职位信息，更要收集这些部门对空缺职位人员的素质要求，这不仅是发布招聘广告的核心内容，更是提升招聘效率和质量的基础。

二、发布招聘广告

招聘广告的发布渠道多种多样，如职业介绍所（Employment office）、猎头公司（Recruitment Consultant）、报刊等大众媒体（Press）、网络招聘（internet）等。不同广告渠道的成本、时效性、适用的岗位区别很大。比如：

职业介绍所通常面向基层岗位，成本较低甚至没有成本，招聘人员当场可以与应聘者见面交流，时效性较强。

猎头公司常用于招聘高端技术专家或高级管理人才，成本很高，通常是按应聘者年薪作为提成付给猎头公司，这种招聘渠道需要一定的招聘时间。

报刊等大众传播媒体，成本按版面和字数计价，社会宣传效应强，不仅有招聘广告的作用，还有宣传公司的作用。

网络招聘有免费发布的平台和渠道，也有付费发布的平台和渠道，信息传播广泛，发布时间相对灵活，成本控制也较为灵活。

三、自动筛选简历

招聘广告发布后，社会应聘者会纷纷按照招聘广告的要求投递简历。格式符合要求的简历会被自动导入人力资源管理信息系统；格式不符合要求的简历会失效。人力资源管理信息系统会将简历分两步导入数据库。

第一步是基础数据的录入。基础数据主要有应聘者姓名、联系方式、住址、求职意向职位等信息。

第二步是附加数据的录入。附加数据主要有应聘者的任职素质、教育背景、工作经历等信息。将简历数据导入之后，管理信息系统会根据事先设定的标准自动筛选简历。

比如职位需求与应聘者的求职意向是否匹配；有没有性别、年龄、专业、地域限制；有没有需要提供证书或证明材料的原件等要求。这些要求在招聘广告中应该明示，同时在管理信息系统中也应事先做好设置。

四、组织面试

管理信息系统自动筛选简历后，人力资源部会进一步通过形式多样的面试，对应聘者的任职素质和胜任力进行深入考察。

面试工作的个性化和专业化要求很高，软件不能替代人的工作。因此需要人力资源管理招聘专员充分应用人才素质测评的相关知识和工具，设计并组织专业化的个性面试、笔试，从而选拔出最合适的应聘者。

五、签订劳动合同

为了保障劳动合同符合各国的劳动合同法，SAP 人力资源管理信息系统集成了世界各主要国家的劳动合同模板，只要选择自己所在国家的劳动合同模板，根据组织用工安排的特殊性适度修订，一份规范的劳动合同即可轻松拟定。

六、将应聘者数据转换为员工数据

与应聘者签署劳动合同后，在管理信息系统中需要将应聘者数据转换为员工数据，这是人力资源管理信息系统所特有的要求。

应聘者数据在签署完劳动合同后，系统会根据应聘者入职时间，将应聘者数据转化为员工数据，我们再结合上一章学过的人事事件法，快捷生成应聘者的系列行政管理数据，招聘工作至此圆满完成。

在招聘管理"六步工作法"中，我们还需要注意以下两个细节：

细节一：招聘工作开展与推进是一段时间的工作。在这段时间里，应聘者状态随招聘进度推进，系统会以不同的状态来标识其处于的招聘阶段。

如图 5-1 所示，招聘状态在管理信息系统中有：

In process：表示简历筛选阶段。

Invite：表示邀请应聘者面试阶段。

Offer：表示邀请应聘者签订劳动合同阶段。

Rejected：表示应聘者落选。管理者会把落选的应聘者数据收藏在人才数据库中，以备人员替补和后期招聘参考。

To be hired：表示录用。

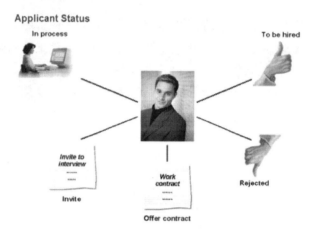

图 5-1　招聘状态

细节二：招聘工作是组织的窗口业务之一，时时处处体现了组织的管理能力。招聘信息化管理，通常会设置自动回复邮件的功能，回复时间通常为业务时间节点的当天零点，以保证应聘者第一时间收到规范、权威的组织回复，这有利于提升组织管理形象。

下面，我们通过一些练习题，来体验招聘信息化管理的"六步工作法"，需注意招聘工作的过程控制和窗口形象树立，以提高招聘管理工作的专业水平。

实训练习题

1. SAP 人力资源管理中的招聘流程是什么？

_____

_____

_____

_____

2. 在 SAP R/3 系统中，实现员工招聘，可以有哪两种方法？这两种方法的主要区别是什么？

_____

_____

应用与提高

请参考如下某公司组织结构图，找到目前组织中的空缺职位，利用 SAP 人力资源管理中的招聘模块，为该空缺职位组织一次招聘活动。

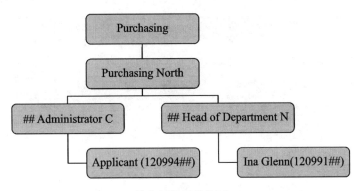

某公司组织结构图

一、请为该部门的空缺职位创建一则招聘广告。

1. 请参考如下界面，将创建招聘广告的路径记录下来。

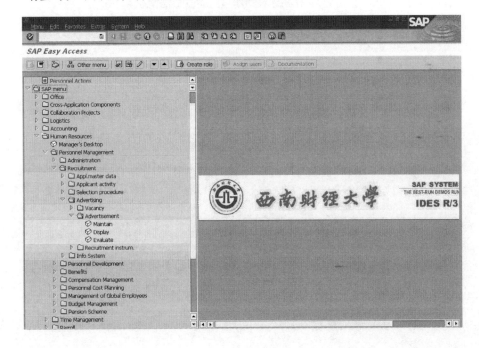

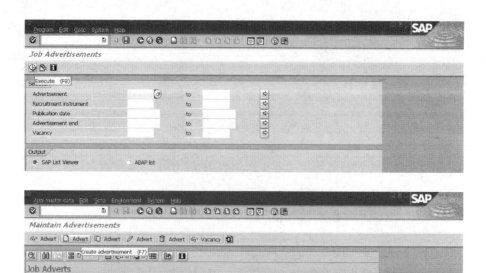

2. 请在如下界面的空白处填写创建招聘广告的必要信息。

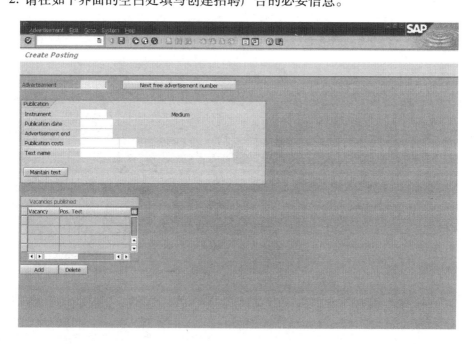

二、招聘广告发布之后，你要为应聘者录入个人基本信息。某应聘者的个人基本信息包括：应聘职位是##Purchasing North；部门之下的空缺职位是##Administrator C；人事范围是 CABB；人事子范围是 Purchasing；应聘者组是外部在职（Active External）；应聘

者范围是年薪制员工（Salaried Employees）；应聘者语言是德语；应聘者姓名、人事主管、生日、地址数据可以根据自己的偏好来拟写。

1. 参考如下界面，写出录入应聘者个人基本信息的路径。

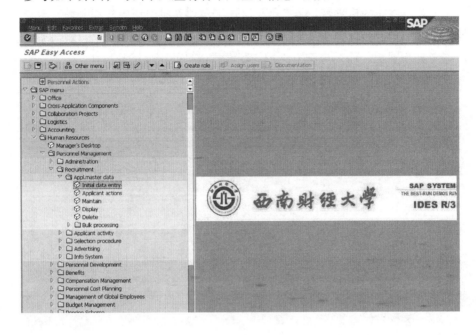

2. 请在如下界面中填写维护应聘者基本信息的必要数据。

3. 录入应聘者的基本信息后存盘，系统显示的该应聘者的应聘状态是：_____
_____。

三、上题中维护的应聘者，具有西班牙语和英语两种外语的任职素质，请该应聘者维护他的任职素质信息。

1. 参考如下界面，将为应聘者维护任职素质信息的路径记录下来。

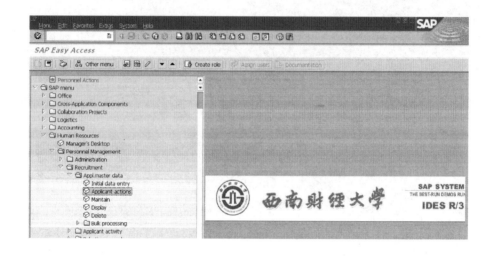

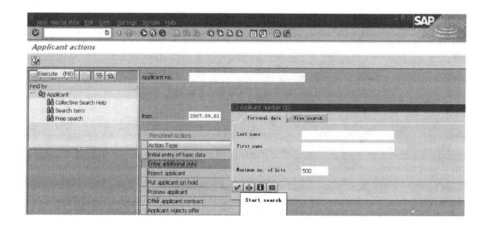

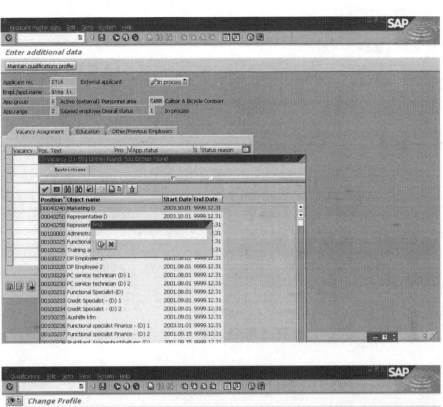

2. 请在如下界面的空白处填写你录入的语言水平。

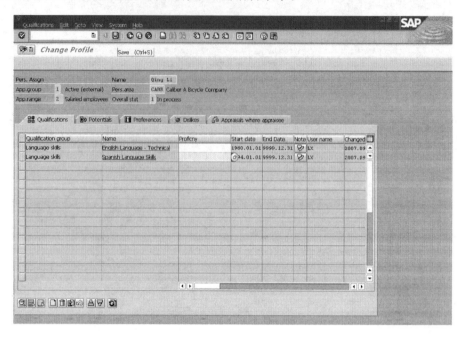

四、请在 SAP 人力资源管理的招聘模块中查看系统记录了应聘者信息后，自动为应聘者生成的回复邮件。

1. 参考如下界面，写出查看回复邮件的路径。

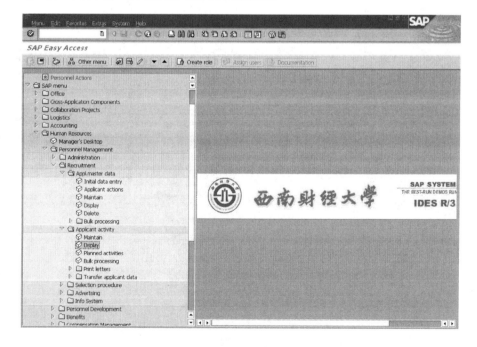

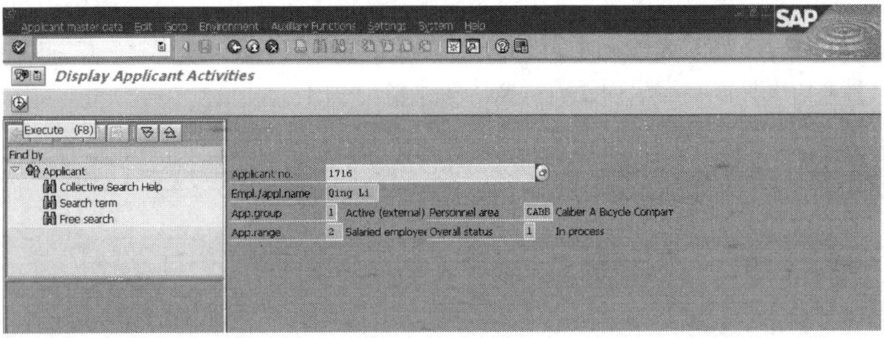

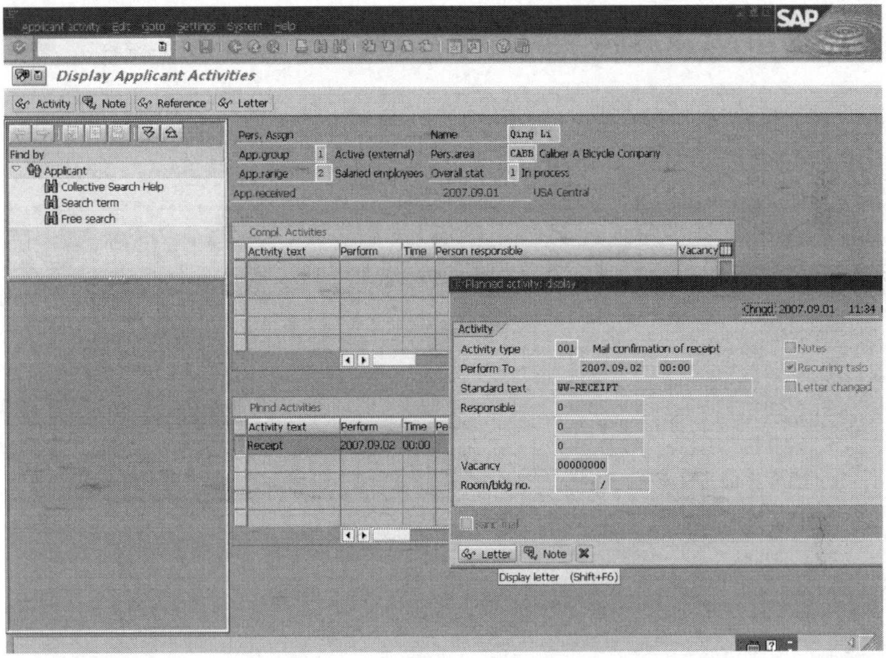

____

____

____

2. 你发现系统自动回复应聘者邮件的时间是：________________________，这个时间与你录入应聘者信息的时间相差：________________________。

五、经过应聘者简历筛选，上题中的应聘者获得了面试机会，请在系统中为该应聘者创建面试邀请，自定义面试时间，面试该职位的直线经理是 Ina Glenn（120991##）。

1. 参考如下界面，写出创建面试邀请的路径。

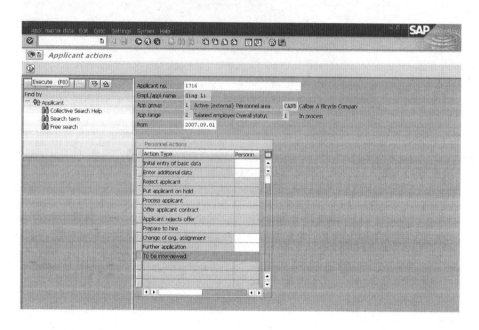

2. 在如下界面中为创建面试邀请填写必要的信息。

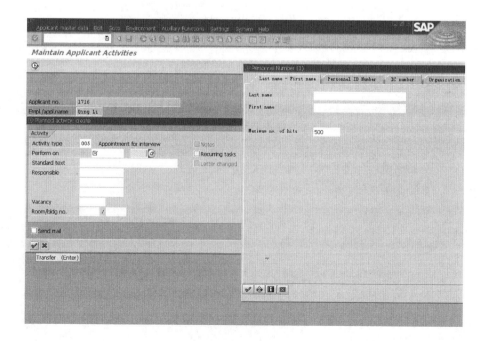

六、面试之后，人力资源部准备雇用上题中的应聘者，请为该应聘者创建劳动合同。参考如下界面，写出为该应聘者创建劳动合同的路径。

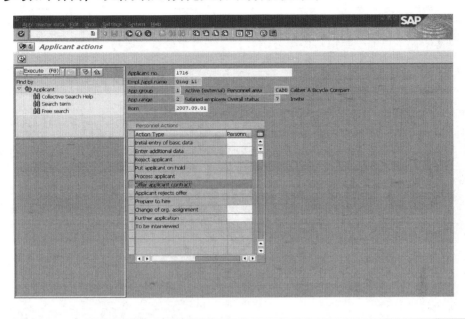

七、上题中的应聘者与企业签订劳动合同后，企业准备从下个月的第一天正式录用该应聘者。届时将应聘者个人信息转换为员工个人信息。

1. 参考如下界面，填写维护日期，记录下来准备从下个月第一天正式录用该应聘者的路径。

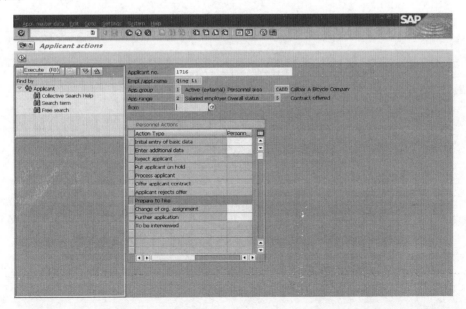

2. 参考如下界面，写出将应聘者信息转换为员工信息的路径。

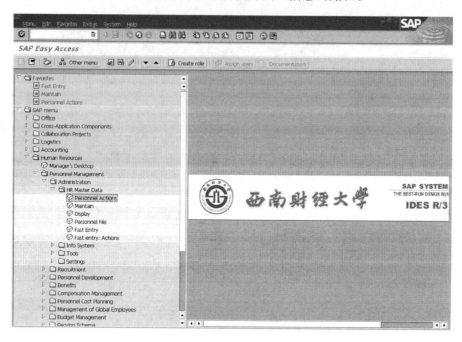

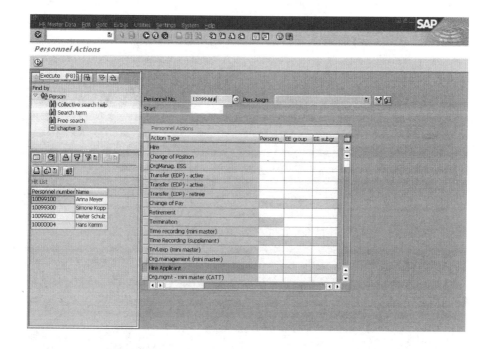

Direct Data Transfer

Transfer

Transfer (F5)

Applicar ... 1716

Repeat

Suppress dialog

八、请将你在这次实验课上的收获记录下来。

第六章
SAP 培训工作的实施

学习背景

  培训是人力资源部门的一项专业工作，有效培训不仅有利于实现人与职位的匹配，挖掘出企业人力资源的工作潜力，还是人力资源管理工作中一项很好的激励手段。培训计划的制订和实施是人力资源管理长期激励的基本方法之一。人力资源管理部门的培训工作非常强调针对性和有效性，这正是 SAP 人力资源管理员工发展模块的基本设计理念。SAP 培训工作的开展起始于职位分析，结合员工现有的任职素质，进行比较分析，找出职位需求与员工素质之间的差距，这个差距是制订员工培训计划、考核员工培训效果的重要依据。员工培训计划的实施需要为员工预定培训课程，同时也需要为培训员工在企业中找到合适的继任者，从而保障员工正常培训和企业正常运作。

  本章数字化资源链接如下：

  https：//www.icourse163.org/course/SWUFE-1003087008？utm_campaign＝share&utm_medium＝iphoneShare&utm_source＝qq. 相关视频、课件、讨论互动资源详见第十一讲、第十二讲和第十三讲的教学资源。

学习目标

  通过本章的学习与操作，你将学会如何根据职位分析来创建职位需求；如何为员工维护其自身具备的任职素质；如何将职位需求与员工任职素质进行比较分析，得出富有针对性的员工培训计划；如何为培训员工找到合适的继任者，保障培训实施和企业正常运作。相信通过本章的学习，人力资源管理的培训理念和实施流程，将会深深地印入你的脑海之中！

学习内容

1. 学会根据职位分析，创建任职资格目录结构。
2. 学会为员工创建任职素质文档。
3. 能够根据职位需求，更新职位的任职需要信息。
4. 学会利用树状和柱状图的形式，来查看职位需求与员工任职资格的匹配结果。
5. 学会根据职位需求与员工任职素质的匹配结果，为员工预定培训课程。
6. 能够为培训员工找到比较合适的继任者。

SAP 培训信息化管理是针对员工从入职培训，到职业发展培训，再到职业生涯发展规划的系列计划、组织、实施、反馈与改进的管理过程。

一、培训信息化管理中的两个基本概念

培训信息化管理中的两个基本概念是职位需求 Requirements 和员工素质 Qualifications。

如图 6-1 所示，在职位需求 Requirements（以下简称为 "R"）和员工素质 Qualifications（以下简称为 "Q"）的定义中可以看到，R 和 Q 包含了一些共同要素，比如它们都是技术 skills、能力 abilities、经验 experience 的汇总。

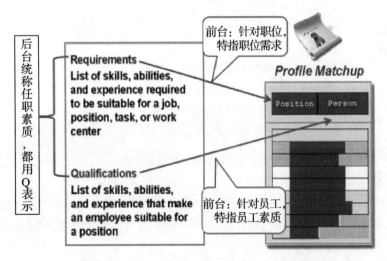

图 6-1　职位需求 Requirements 和员工素质 Qualifications 的比较

R 和 Q 的区别在于对象不同。R 的对象是职务 job、职位 position、任务 task 或工作中心 work center，因此 R 代表的是职位或工作需要任职者具备的素质。Q 的对象是员工 employee，因此 Q 是指员工目前已具备的任职素质。

由于 R 和 Q 代表的内容有交集，对象有差异，在培训信息化管理中，分前台和后台区别对待。

前台将 R 与职位对应，特指职位要求；将 Q 与员工对应，特指员工素质。

后台 R 和 Q 的统称为任职素质，都用 Qualifications 表达。

如图 6-1 所示，职位要求要在工作说明书中注明，应聘者素质要在简历中注明。

在招聘信息化管理的筛选简历阶段，如果职位要求远超过员工素质，说明应聘者能力远远不及；如果员工素质远超过职位要求，说明存在大材小用。

在培训信息化管理时，恰恰相反，系统首先关注红色远超过绿色的项目，因为这些项目是急切需要提升员工素质的培训项目。Q 和 R 的匹配方法很高效、巧妙地实现了培训的针对性。

二、任职素质目录树

由于任职素质需要与时俱进、不断更新，所以我们需要学会在后台维护任职素质目录树。任职素质目录树由根目录、任职资格组和任职资格构成。任职资格继承任职资格组的所有属性。如图 6-2 所示，认证证书是一个任职资格组，其下包含了急救资格等多个任职资格。

图 6-2　任职素质目录树实例

在定义任职资格时，不仅需要定义其名称，通常还需要定义其素质范围。素质范围有两种定义方法，一种是"有/无"定义法，如有无驾照；一种是等级定义法，如初级、中下水平、中级、良好、优秀等。

三、培训信息化管理的"六步工作法"

SAP 培训信息化管理的"六步工作法"，即创建职位要求 R——创建员工素质 Q——比较 R 与 Q 的关系，关注 R>Q 的相关素质——为员工预定培训课程——选拔受训者的继任者——培训结果的运用。

图 6-3 以一位员工参加培训为例，展示了培训信息化管理的"六步工作法"。假设这位员工当前的职位是行政干事 Administrator：

- 第一步：这位行政干事的履历中有员工素质文件 Q。
- 第二步：人力资源部有行政干事职位的工作说明书 R。
- 第三步：将这位员工的履历和工作说明书比较，结果发现因工作所需，这位员工急需提升微软 Word 的应用技能。
- 第四步：人力资源管理者为该员工选择了相关培训机构，预定了培训课程。
- 第五步：为保证员工培训效果和组织正常运转，管理者提前安排培训期间的继任者。
- 第六步：员工参与培训并顺利通过认证考试，获得微软 Word 培训毕业证书，员工受训后回到工作岗位上，经过绩效考核证明其工作能力有明显提升，于是将此员工由原来的行政干事晋升为部门经理。

图 6-3　培训"六步工作法"实例

下面，我们通过一些练习题，来体验培训信息化管理的相关学习内容。

实训练习题

1. 在 SAP 人力资源管理系统中，Qualifications 和 Requirements 有什么区别和联系？

_____

_____

_____

_____

2. 根据你对 SAP 人力资源管理中培训理念的理解，请尝试画出 SAP 人力资源管理系统的培训流程图。

_____

_____

_____

_____

_____

应用与提高

一、请在任职资格目录中创建一个根目录 Group##，在此根目录下创建如下任职资格组和任职资格：

（1）任职资格组（Qulification group）：Language Group##，语言等级范围是 1-4 级；

（2）任职资格：意大利语（Italian##）；

（3）西班牙语（Spanish##），创建起始起为 2003 年 1 月 1 日。

1. 参考如下界面，写出在任职资格目录中创建根目录的路径。

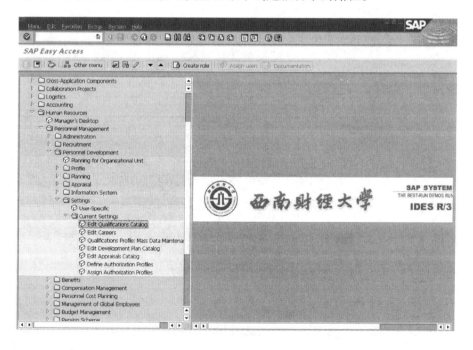

_____

_____

_____

_____

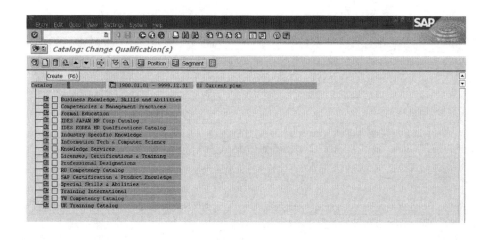

2. 请根据题目要求，在如下界面填写必要的信息。

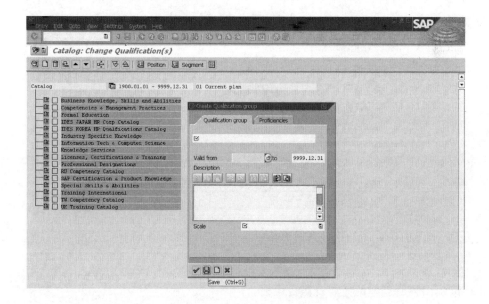

3. 请参考如下界面，写出在根目录 Group## 下创建任职资格组的方法。

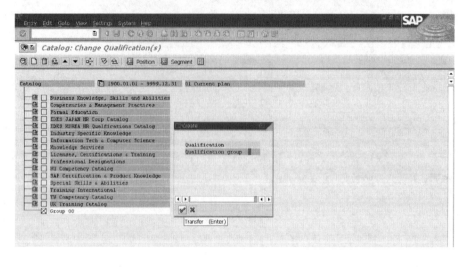

_____

_____

_____

4. 请参考如下界面，写出在任职资格组之下创建任职资格的方法。

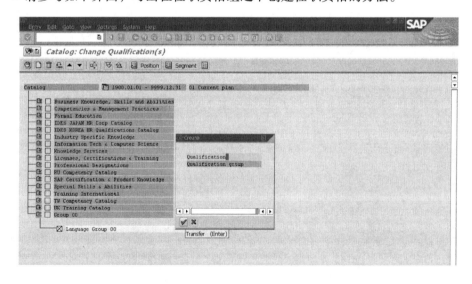

_____

_____

_____

5. 请画出你所创建的任职资格目录树。

二、Ina Glenn（120991##）从 2003 年 1 月 1 日起具备以下三项任职素质：

（1）多媒体技能（优等）；

（2）桌面应用的技能（中级）；

（3）良好的工作独立性和主动性，请为 Ina Glenn 创建一个员工发展的任职素质文件。

1. 参考如下界面，写出为 Ina Glenn 创建任职素质文件的路径。

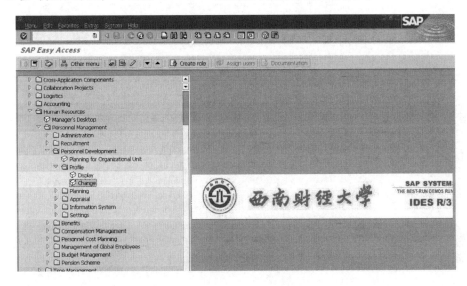

2. 参考如下界面，写出找到员工 Ina Glenn 并为其创建任职素质文件的方法。

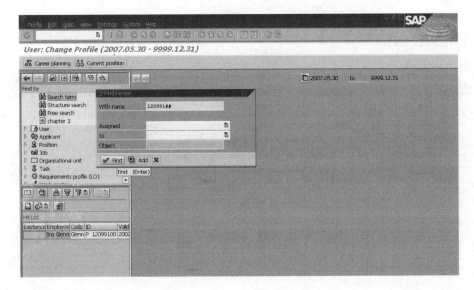

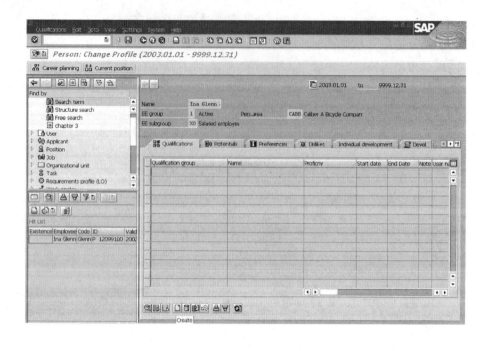

三、Ina Glenn 现任职某北方采购部 (## Purchasing North) 某部门经理 (## Department Manager)，请为该职位维护任职素质需求：

(1) HR100 人事行政管理技能；

(2) 流利的西班牙语 (Spanish 00)。

请参考如下界面，写出维护 Ina Glenn 所在职位任职需求的路径。

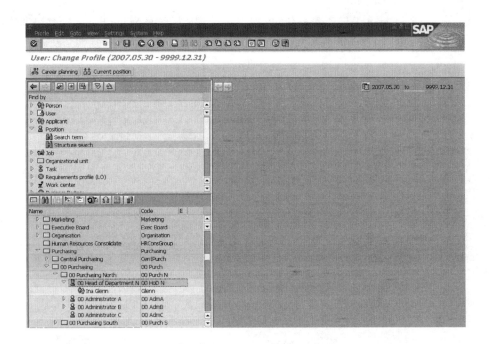

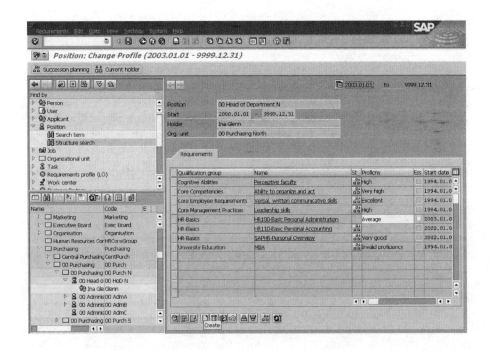

四、比较 Ina Glenn 的任职素质和职位需求，根据比较结果为 Ina Glenn 创建培训建议。

1. 参考如下界面，写出显示 Ina Glenn 任职素质和职位需求比较结果的路径。

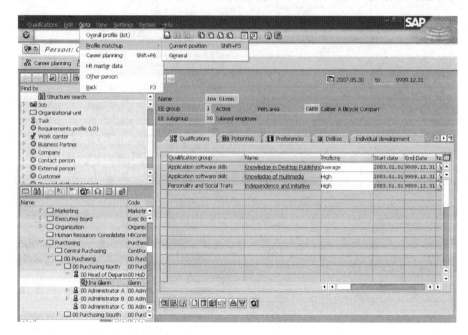

2. 请解释如下界面中任职素质和职位需求的匹配图结果。

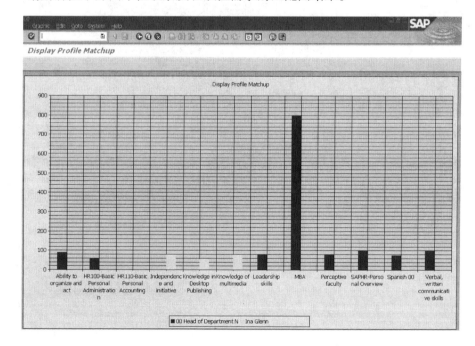

3. 根据上题显示结果，请为 Ina Glenn 在 2003 年 3 月 1 日预定一门 SAP 人力资源管理的培训课程。

参考如下界面写出预定这门培训课程需要考虑的因素和预定方法。

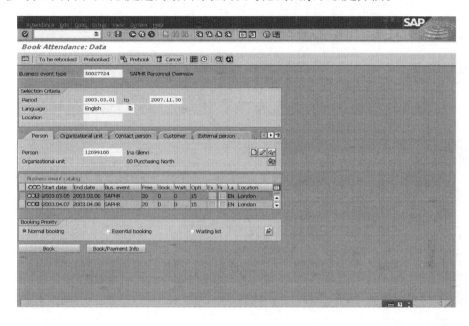

五、在 Ina Glenn 培训期间，请根据 Ina Glenn 所任职位的职位要求，为 Ina Glenn 找一位合适的继任者。

1. 参考如下界面，写出找到任职素质相对合适的继任者路径。

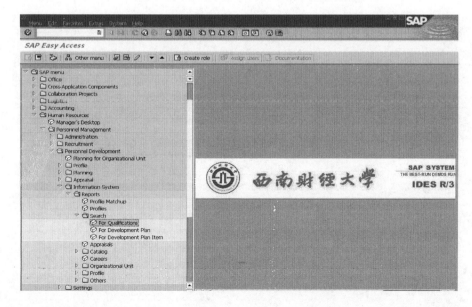

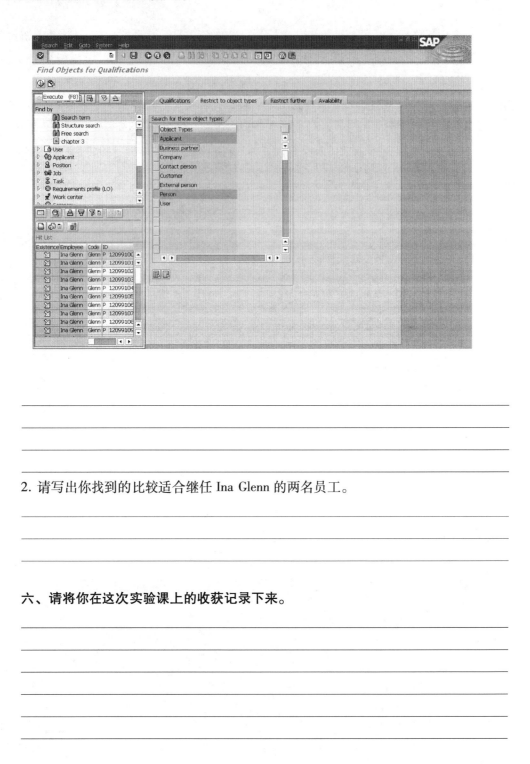

2. 请写出你找到的比较适合继任 Ina Glenn 的两名员工。

六、请将你在这次实验课上的收获记录下来。

第七章
SAP 时间管理的实施（一）

学习背景

　　时间管理是 SAP 人力资源管理中的特色功能之一。传统的人力资源管理常常将时间管理局限地认为是为员工打考勤，大大削弱了时间管理功能，从而出现对员工事假和病假管理松散、员工加班时间不能及时且有效地加以记录和认定、员工年假不能充分灵活地利用等问题。SAP 人力资源管理非常重视时间管理，对员工出勤、缺勤、加班、事假、病假、年假等都做出了细致的管理规定，不仅能够及时、准确、分门别类地记录员工在工作时间内发生或即将发生的事件，还能够定期对全体员工进行时间评估，从而有效地将时间管理与绩效考核、薪酬管理紧密相连。本章主要向初学者介绍，在时间管理中如何用负向时间记录的方法为员工记录各种时间数据。

　　本章数字化资源链接如下：

　　https://www.icourse163.org/course/SWUFE-1003087008？utm_campaign = share&utm_medium = iphoneShare&utm_source = qq. 相关视频、课件、讨论互动资源详见第十四讲和第十五讲的教学资源。

学习目标

　　通过本章的学习与操作，你将了解时间管理的业务范围；学会时间数据记录的两种方法；学会负向时间记录法；学会查看时间管理者桌面（TMW）用户参数配置；掌握利用管理者桌面（TMW）来维护员工诸如加班、请假、休年假等时间事件的技能；学会如何在时间管理功能模块中查看员工的出勤配额和缺勤配额信息。

学习内容

1. 时间管理的业务范围。
2. 正向时间记录法与负向时间记录法的区别。
3. 负向时间记录法的应用方法。
4. 时间管理者桌面（TMW）的用户参数。
5. 学会维护员工的加班信息、病假信息和休年假信息。
6. 学会查看员工的时间管理配额信息。

时间管理是人力资源管理信息系统的专项工作之一，管理者不仅需要及时、准确、分门别类地记录员工在工作时间内发生或即将发生的事件，还需要定期对全体员工进行时间评估，从而有效地将时间管理与绩效考核、薪酬管理紧密相连。

一、SAP 时间管理的业务概览

SAP 时间管理主要涉及三个方面的业务，即记录时间数据、评估时间数据和时间管理的结果应用。

（一）记录时间数据

记录时间数据可以借助员工移动端自助服务、时间管理员监测、打卡机等环节相结合，全面、准确地收集所有员工的工作时间数据。

● 员工移动端自助服务，是当代非常流行的一种时间管理手段。它不仅可以实现"刷脸"打卡功能，还可以记录和工作相关的一切时间事件类型，如拜访客户、参加培训、参会、差旅等都可以在移动端自助记录。激活移动端"刷脸"功能通常需要关联办公地点 Wi-Fi，因此可以有效杜绝替代打卡的行为发生。目前，此自助服务的局限性在于有些移动端刷脸 app 对光线过于敏感、对人像识别过于精细，个别情况下出现迟迟不能正常打卡的现象。

● 时间管理员监测，通过检测设备和管理信息系统，时间管理员对员工的各项时间数据进行汇总管理和运用，是机器不能替代人的必要环节。

● 打卡机，在没有全面普及员工移动端自助管理时间的条件下，打卡机也是非常得力的时间管理助手。它不仅可以记录员工上下班打卡的数据，还可以记录员工户外作业时间数据记录，打卡机的打卡数据和管理信息直接关联，所以员工的打卡记录就是员工的时间记录。

员工移动端自助服务和打卡机设备的应用，都需要全员配合养成良好的记录时间习惯，否则管理信息系统在核算工作时间时会报错数据，从而直接影响与工作时间相关的收入分配。

（二）评估时间数据

评估时间数据是将记录的时间数据与计划时间数据进行比较，实现与时间管理相关的薪资扣减或增加。与工资管理中的工资账户相似，时间管理也会为员工创建时间账户，记录每个考核周期内员工的工作时间日志，比如工作时间规则、员工的出勤、缺勤、替班等工作时间事件。时间账户信息会被直接运用在与工作时间相关的激励性工资中。

（三）时间管理的结果应用

时间管理的结果可以应用在设定员工工作量上，如员工的工作负荷量是否适度，是否人尽其才；时间管理结果也可以运用在制订员工轮班计划、培训与继任者计划以及薪资成本控制与激励性分配之间的平衡等环节。

二、记录时间数据的方法

在 SAP 时间管理系统中，常用两种方法记录时间数据：一种是正向时间记录法，一种是负向时间记录法。

正向时间记录法，记录全部时间事件。比如员工中途外出就医，如果采用正向时间记录法，就会生成三条记录：08:00—11:00 打卡上班，11:00—14:00 就医，14:00—17:00 打卡下班。正向时间记录法，记录全部时间事件，能全面准确反映员工当时工作时间安排，但需要员工养成良好的打卡习惯。

负向时间记录法，记录偏离时间计划的数据。比如某员工今日正常上下班，没有偏离时间计划的事件发生，就不做记录；如果该员工中途外出就医，属于偏离时间计划的时间，就记录下来这个偏离事件，生成一条负向时间记录：11:00—14:00 就诊。负向时间记录法，关注异常时间事件，有利于提高时间记录的效率，但不能全面反映员工当日的工作时间安排。

负向时间数据记录法，在记录数据之前，需要维护好四个信息类型的数据，即组织分配、员工信息、计划工作时间和缺勤配额。

负向时间数据记录法，会使用时间数据类型来区别不同的时间事件，常见的时间数据类型有出勤（差旅、会议等也属于出勤）、缺勤（如病假、带薪休假也属于缺勤）、替班、自愿加班等时间数据类型。

下面，我们通过一些练习题，来掌握本章的相关学习内容。

实训练习题

1. 在 SAP 人力资源管理的时间管理中记录时间数据的两种方法是什么？这两种方法有何区别？

_____

_____

_____

2. 在负向时间数据记录前，必须维护的信息类型有哪些？

_____

_____

_____

应用与提高

一、在使用时间管理者桌面之前，请查看一下你的用户参数配置，填写你的查看结果。

1. 参考如下界面，写出查看时间管理桌面（TMW）用户参数配置的路径。

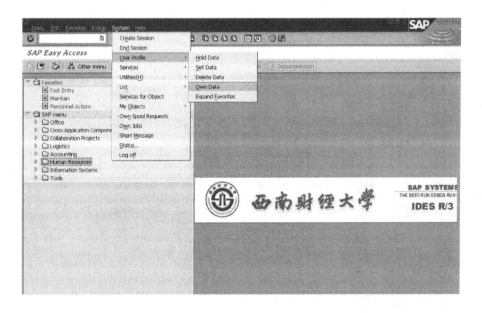

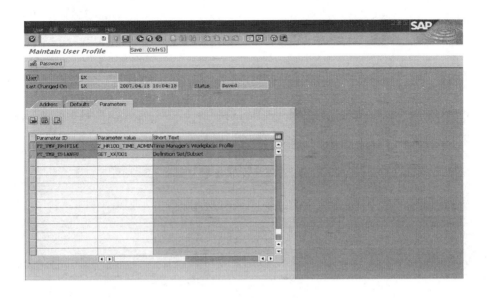

2. 填写你查看到的参数设置结果

PT_ TMW_ PROFILE：_____

PT_ TMW_ TDLANGU：_____

二、请在时间管理者桌面中，为员工 Hans Kemm 记录如下时间管理数据：

（1）Hans Kemm 与 2003 年 10 月中旬某一工作日 10：00—12：00 就诊。

（2）Hans Kemm 于 2003 年 9 月第二周的某一工作日加班，加班时间是下午 5：00—7：00。

1. 参考如下界面，写出进入时间管理者桌面的路径。

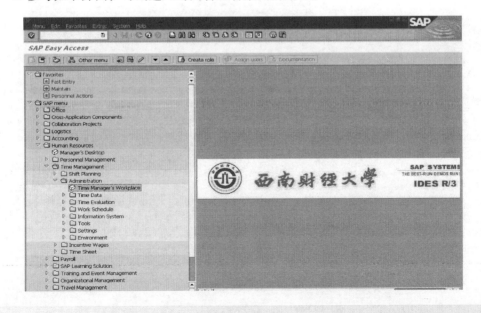

2. 点击 "Temprorily insert employee" 快捷键，找到 Hans Kemm，在日历表中选中符合题目 1 要求的一天，在下图空白处填写维护题目 1 的必要信息。

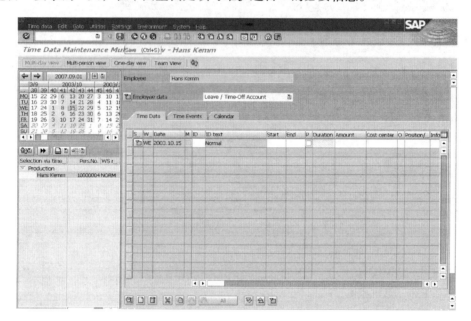

3. 在日历表中选择符合题目 2 要求的一天，在图中填写维护题目 2 的必要信息。

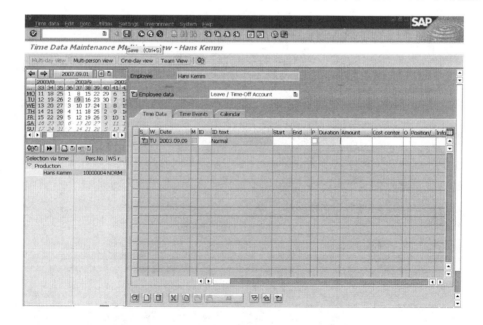

三、请利用时间管理者桌面为员工 Anna Mayer（100991##）维护如下时间数据：员工 Anna Mayer 于 2003 年 10 月最后一周休年假。

1. 参考如下界面，写出为员工 Anna Mayer 维护年假信息的方法。

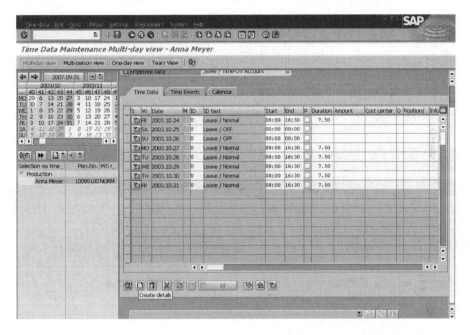

2. 维护员工 Anna Mayer 年假信息时使用的时间数据代码是_____。

四、显示员工 Anna Mayer 2003 年度在企业中的时间配额（Quota）。

1. 参考如下界面，写出查看员工 Anna Mayer 时间配额的路径。

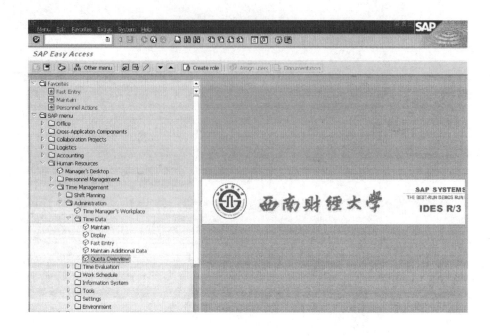

2. 根据员工 Anna Mayer 2003 年度时间配额的查看结果，填写下表。

配额类型	配额量	剩余配额量	单位

五、请将你在这次实验课上的收获记录下来。

第八章
SAP 时间管理的实施（二）

学习背景

　　SAP 时间管理不仅能够运用负向时间数据记录法，对员工加班、请假、休年假等时间事件进行提前管理与安排，还可以运用正向时间数据记录方法，结合企业打卡机的应用，对员工每日工作时间做出准确记录，这些时间数据是时间评估的直接数据来源。SAP 时间管理的时间评估将每位员工的计划工作时间与员工实际工作时间相比较，从而对员工迟到、早退、实际加班时间做出准确评估，这个时间评估结果将直接与 SAP 人力资源管理的工资管理数据相关，可发挥企业时间管理的有效作用。相信通过本章的学习，你会对企业时间管理的重要性有新的认识。

　　本章数字化资源链接如下：

　　https://www.icourse163.org/course/SWUFE-1003087008？utm_campaign＝share&utm_medium－iphoneShare&utm_source＝qq. 相关视频、课件、讨论互动资源详见第十六讲和第十七讲的教学资源。

学习目标

　　通过本章的学习与操作，你将能够根据时间评估的需要，将员工时间数据记录方法从负向时间记录法转化为正向时间记录法；学会运用正向时间数据记录方法来记录员工每日工作时间；学会如何为员工进行阶段性的时间评估，并能够查看时间评估结果，客观分析时间评估结果的报告。

学习内容

1. 能够根据时间评估的需要，及时将员工时间数据记录方法从负向时间记录法转化为正向时间记录法。

2. 学习运用正向时间数据记录方法来记录员工工作时间。

3. 学习为员工进行时间评估，能够查看时间评估结果。

4. 能够分析时间评估结果报告。

SAP 记录时间数据有两种方法，分别是负向时间记录法和正向时间记录法。负向时间记录法记录偏离时间计划的时间，也就是意外时间事件。正向时间记录法记录全部时间事件。虽然正向时间记录法的工作量较负向时间记录法更大，但是从时间评估的角度而言，正向时间记录法更加准确、全面。本章我们重点学习运用正向时间记录法完成时间评估的业务实施。

一、关于时间评估的本土化常识

时间评估业务会涉及劳动者在加班、休假、带薪年假等方面的本土化常识。

（一）关于核算加班工资的相关规定

根据《中华人民共和国劳动法》（以下简称《劳动法》）第四十四条的规定，支付加班费的具体标准是：在标准工作日内安排劳动者延长工作时间的，支付不低于工资的150%的工资报酬；休息日安排劳动者工作又不能安排补休的，支付不低于工资的200%的工资报酬；法定节假日安排劳动者工作的，支付不低于300%的工资报酬。

标准工作时间以外延长劳动者工作时间和休息日、法定节假日安排劳动者工作，都是占用了劳动者的休息时间，都应当严格加以限制，高于正常工作时间支付工资报酬即是国家采取的一种限制措施。

上述三种情形下组织劳动者劳动对劳动者带来的影响是不完全一样的。法定节假日对劳动者来说，其休息有着比往常和休息日更为重要的意义，此时工作会影响劳动者的精神文体生活和其他社会活动，这是用补休的办法无法弥补的，因此，应当给予更高的工资报酬。用人单位遇到上述情况安排劳动者加班时，应当严格按照劳动法的规定支付加班费。属于哪一种情形的加班，就应执行法律对这种情况所做出的规定，相互不能混淆，不能代替，否则都是违反劳动法的行为，都是对劳动者权益的侵犯，应当依法承担法律责任。

（二）关于国家法定假日的相关规定

我国法定节假日的现行规定是：

- 元旦，放假1天（1月1日）。

- 春节，放假 3 天（农历除夕、正月初一、初二）。
- 清明节，放假 1 天（农历清明当日）。
- 劳动节，放假 1 天（5 月 1 日）。
- 端午节，放假 1 天（农历端午当日）。
- 中秋节，放假 1 天（农历中秋当日）。
- 国庆节，放假 3 天（10 月 1 日至 10 月 3 日）。

（三）关于带薪年假的相关规定

根据我国《职工带薪年休假条例》的规定，职工累计工作已满 1 年不满 10 年的，年休假为 5 天；已满 10 年不满 20 年的，年休假为 10 天；已满 20 年的，年休假为 15 天。

国家法定休假日、休息日不计入带薪年休假的假期。

有下列情形之一的，不能享受当年度的年休假：

- 职工依法享受寒暑假，其休假天数多于年休假天数的。
- 职工请事假累计 20 天以上且单位按照规定不扣工资的。
- 累计工作满 1 年不满 10 年的职工，请病假累计 2 个月以上的。
- 累计工作满 10 年不满 20 年的职工，请病假累计 3 个月以上的。
- 累计工作满 20 年以上的职工，请病假累计 4 个月以上的。

用人单位应当根据生产、工作具体情况，并考虑职工本人意愿，统筹安排职工年休假，可以集中安排，也可以分段安排，但一般应在 1 个年度内安排。

二、正向时间记录法

在操作正向时间记录法之前，需要维护五个信息类型的数据内容，即组织分配、员工信息、计划工作时间、缺勤配额和时间记录信息（Time Recording Info）。其中前 4 个信息类型与负向时间记录法一致，第 5 个信息类型"时间记录信息"，为打卡机和管理信息系统搭建了桥梁，它将打卡机的数据自动导入管理信息系统。

员工在使用打卡机时，如何将打卡机的数据自动导入管理信息系统呢？如图 8-1 所示：

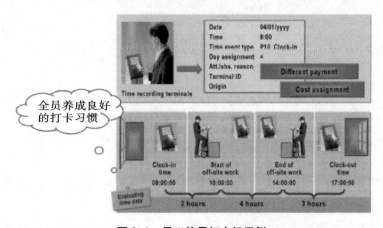

图 8-1 员工使用打卡机示例

当员工打卡时，首先会出现日期和时间，比如 8:00 打卡上班，Time Event Type 是指时间事件类型，代码 P10，意味着 Clock in，打卡上班。Day Assignment 是指实时自动导入。

在使用时间记录信息这个信息类型时，需要全员配合，养成良好的打卡习惯，不仅每次打卡要有始有终，过程中不同的时间事件也需要首尾呼应打卡。比如图 8-1 所示的这位员工 8:00 打卡上班，10:00 打卡户外作业，14:00 打卡户外作业收工，17:00 打卡下班。

如果员工没有养成良好的打卡习惯，在做时间评估时，系统会对出错员工的出错日期做出报错信息提示。人力资源管理人员需要为此花费更多的时间调查、教育、补录、重新评估修正后的数据。

将时间数据记录方法由负向时间记录法转换成正向时间记录法，是通过维护信息类型"计划工作时间"的内容实现的。在信息类型"计划工作时间"的数据中，将时间管理状态的代码由"0"（代表负向时间记录法）更改为"1"（代表正向时间记录法）即可。

三、时间评估的基本原理

时间评估的基本原理，是将每位员工的计划工作时间与实际工作时间做比较，从而对员工迟到、早退、实际加班时间做出准确评估，这个时间的评估结果将直接与 SAP 人力资源管理的工资管理数据相关，发挥企业时间管理的有效作用。

如图 8-2 所示，某员工某一天实际工作时间为早 7:30 打卡上班，晚 17:05 打卡下班，实际工作 7 小时 35 分钟；该员工计划工作时间是 7 小时 30 分钟，时间评估结果为该员工当日加班 5 分钟。

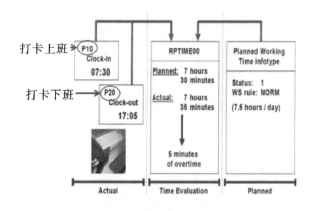

图 8-2 时间评估原理示例

在评估员工工作时间数据时，我们需要对比打卡数据和计划工作时间的数据，这个数据处理的过程是通过报表 RPTIME00 自动核算的。

时间评估自动核算的报表 RPTIME00，如同一个大型计算器，将员工主数据、计划工作时间、打卡机数据汇总比对，最终出具的结果是时间工资类型、时间账户、报错信息。其中时间工资类型和时间账户结果将被应用在薪资管理和员工时间账户说明书中。

下面，我们通过一些练习题，来体验 SAP 时间评估的相关学习内容。

实训练习题

1. 在进行时间评估时，使用怎样的时间数据记录方法？之前必须维护的信息类型有哪些？

_____

_____

_____

2. 时间评估使用的报表名称是：_____

3. 请简述时间评估的基本原理。

_____

_____

_____

_____

应用与提高

一、请将员工 Simone Kopp 的时间数据从 2003 年 1 月 1 日至 2003 年 1 月 31 日由负向时间记录法改为正向时间记录法。

1. 参考如下界面，写出维护员工 Simone Kopp 时间管理数据记录方法的路径和方法。

_____

_____

_____

_____

_____

_____

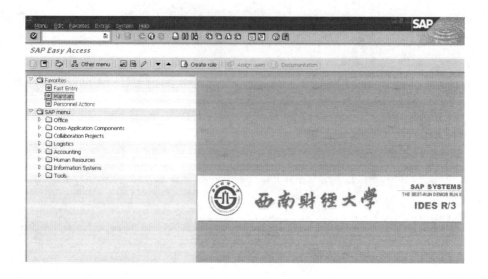

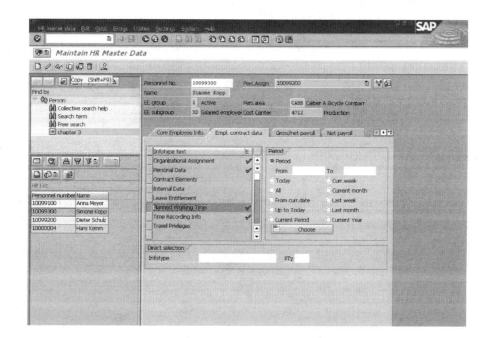

2. 参考如下界面，按照题目要求填写和选择必要的信息。

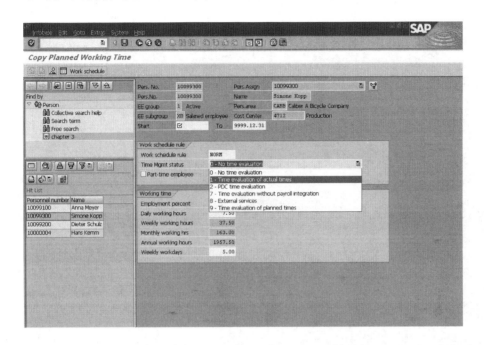

3. 存盘后，系统自动跳出"Time Recording Information"的维护界面，请保存当前界面数据。

二、请利用列表录入数据的方法（List Entry）为员工 Simone Kopp 维护并保存下列时间数据：

（1）2003 年 1 月 6 日，Simone Kopp 于 08:01 打卡上班，16:58 打卡下班。

（2）2003 年 1 月 7 日，Simone Kopp 于 07:59 打卡上班，但是在下午下班时忘记打卡就离岗了。

（3）2003 年 1 月 8 日，Simone Kopp 于 08:05 打卡上班，17:05 打卡下班。

1. 参考如下界面，写出维护上述题目要求的时间数据的路径，并填写必要的空白处。

_____

_____

_____

_____

人力资源管理信息系统实务(SAP)

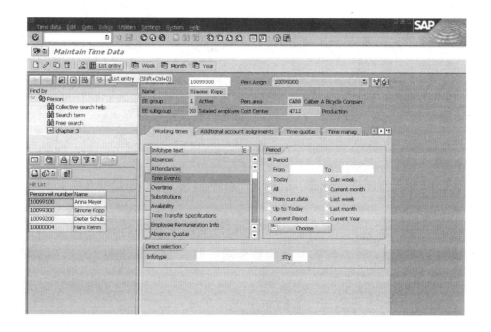

2. 在如下界面的空白处，按照题目要求，为员工 Simone Kopp 填写必要的时间数据维护信息。

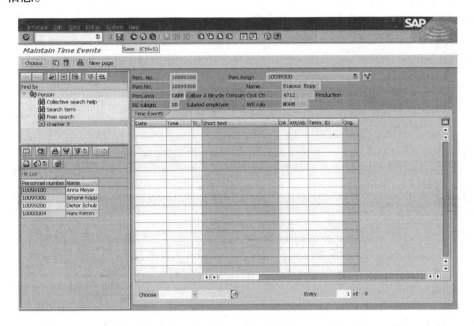

三、请为员工 Simone Kopp 实施时间评估（Simone Kopp 的员工编码是 100993##），并显示他的时间评估日志（Display Log）。

1. 参考如下界面，写出为员工 Simone Kopp 实施时间评估的路径。

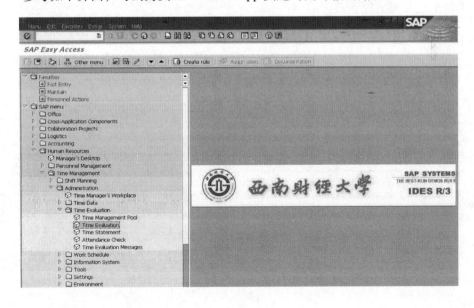

2. 按照题目要求，填写和选择必要的选项，为员工 Simone Kopp 进行时间评估。

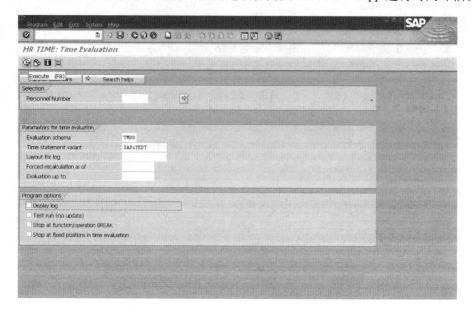

3. 为员工 Simone Kopp 进行时间评估后，系统出现的报错信息是：

_____

_____

_____

系统出现报错的原因是：

_____

_____

_____

_____

四、请将你在这次实验课上的收获记录下来。

_____

_____

_____

_____

_____

第九章
SAP 绩效评估的实施

学习背景

　　绩效评估是人力资源管理部门中的核心职能之一。在实际业务中，企业常常为寻找和改进适合企业管理运作的绩效评估方法、绩效评估工具、绩效评估指标等问题而投入很多时间和精力。新版本的 SAP 绩效评估模块，选择了与企业战略管理思想紧密相连的目标管理（MBO）理念，作为绩效评估方法的设计理念，结合 360 度绩效评估反馈思想，为企业人力资源管理部门设计了多种绩效评估模板。企业可以选择最适合自身管理实际的绩效评估模板，高效地完成选择绩效评估方法、工具、参考评估指标等工作，还可以根据评估模板设计的评估指标，定制富有企业特色和部门特色的评估数据；定义指标考核分级；按照 SAP 绩效评估的流程思想，轻松、有条理地完成绩效评估工作。相信通过本章的学习，你能够体会企业战略人力资源管理的绩效评估思想，掌握科学、高效的绩效评估实施流程！

　　本章数字化资源链接如下：

　　https://www.icourse163.org/course/SWUFE-1003087008? utm_campaign = share&utm_medium = iphoneShare&utm_source = qq. 相关视频、课件、讨论互动资源详见第十八讲、第十九讲和第二十讲的教学资源。

学习目标

　　通过本章的学习与操作，你将了解绩效评估的数据准备、业务流程和结果运用；学会如何为管理部门绩效评估做出相应设定；学会为目标管理下的绩效评估工作做好数据准备的方法；掌握基于目标管理下的绩效评估工作在企业人力资源管理中的实施流程；

学会在系统中及时查看绩效评估工作的进展和结果。

学习内容

1. 了解目标绩效评估的数据准备。
2. 了解目标绩效评估的业务流程。
3. 了解目标绩效评估的结果运用。
4. 学习如何为管理部门绩效评估做出相应设定。
5. 能够为基于目标管理的绩效评估工作做好数据准备。
6. 学习绩效评估在企业人力资源管理中的实施流程。
7. 学会在系统中及时查看绩效评估工作的进展和结果。

SAP 目标绩效评估功能，可以帮助管理者完成六项工作，即 360 度绩效反馈、培训评估、职业认证更新、绩效评估、民意调查和职务评估。

• 360 度绩效反馈。这是绩效评估的方法之一，通过员工自己、上级、同事、下属、客户的全方位绩效反馈评价，对员工做出全面绩效评估。

• 培训评估。培训工作的有效性，不仅体现在员工是否通过培训机构的认证考试，还体现在培训后回到工作岗位上，业务范围扩大，业绩提升，"传帮带"作用明显，这是培训评估的主要任务。

• 职业认证更新。这与培训评估相关，员工受训后的任职素质要及时更新。

• 绩效评估。这里有多种绩效评估模板，可根据组织管理环境选择绩效评估模板，并进行个性化定义。

• 民意调查。战略化人力资源管理工作需要与时俱进，改革创新。改革前的民意调查也可以在此模块中实现。

• 职务评估。职务和职位的特殊性需要体现在绩效管理和薪酬管理中，职务评估能够实现对每个职位和职务的工作性质做出客观评价。

一、SAP 绩效评估的数据准备

SAP 绩效评估业务需要做好六个方面的数据准备：
• 确定评估者和被评估者是谁。
• 确定是单项评估还是多项综合评估，如培训评估、绩效评估、改革评估、职务评估等。
• 确定是记名评估还是不记名评估。
• 明确评估周期的长度，如一年一次、半年一次、一季度一次评估等。
• 明确评估结果的计算方法，如分值范围、指标权重、角色权重等因素的确立。
• 明确评估指标的定义和详细解释。
关于 SAP 绩效评估指标的定义和解释，SAP 绩效信息化管理的设计思路是：从战略人力资源管理的角度出发，借助目标管理理论，定义和解释绩效评估指标。

绩效管理思想从组织战略发展目标着手，从上到下层层分解目标，分解到每位员工的目标是绩效考核指标的重要参考，并加以细化。员工自下而上实现目标的过程，正是组织和个人共同发展的过程。在这个过程中，员工和管理者之间持续的绩效反馈，是保证目标实现的重要管理工作。

二、SAP 绩效评估的业务流程

SAP 绩效评估的业务流程大致可分为绩效计划、绩效反馈与跟踪、绩效评估三个步骤。

以年度考核为例，管理者年初制定绩效目标，这是达成年度绩效承诺的过程，这个阶段需要和员工充分沟通，既要让员工充分理解目标和评估方法，又要了解员工实现目标中可能遇到的困难、需要提升的技能，指导员工更好地完成目标和绩效评估。

年度中期反馈目标，经过半年的工作推进，管理者指导员工工作是否有效，距离年底达成目标还有多远，是否需要降低目标或新增目标等，都在这个阶段实现。

年度末期评估目标，实施绩效评估，增加绩效结果反馈，为下一期绩效目标计划做好沟通。

三、SAP 绩效评估的结果运用

SAP 绩效评估后的结果运用，体现了 SAP 绩效管理的价值。SAP 绩效评估的结果至少可以运用在以下三个方面：

- 为下一期绩效计划提供良好参考。
- 与薪酬管理直接关联，发挥绩效激励作用。
- 不断更新任职素质文件。

下面，我们通过一些练习题，来掌握 SAP 绩效评估的相关学习内容。

实训练习题

1. SAP 人力资源管理中的绩效评估模块，可以帮助企业人力资源管理完成哪些工作？

_____

_____

_____

_____

2. 请简述 SAP 人力资源管理绩效评估中的目标管理（MBO）思想？

_____

_____

_____

3. SAP 人力资源管理基于目标管理的绩效评估流程是什么？

_____

_____

_____

应用与提高

一、假设你是某企业的人力资源部绩效评估专员，为了收集部门绩效评估结果，你需要在 SAP 系统中维护你的信息类型"绩效沟通"（infotype 0105）及其子类型"系统用户姓名"（subtype 0001）。

1. 参考如下界面，写出你维护题目要求的信息类型的路径。

_____

_____

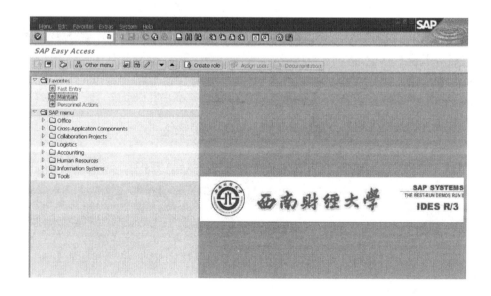

2. 为了在系统中维护你的信息类型"绩效沟通"（infotype 0105）及其子类型"系统用户姓名"（subtype 0001），请你在如下界面中填写必要的信息。

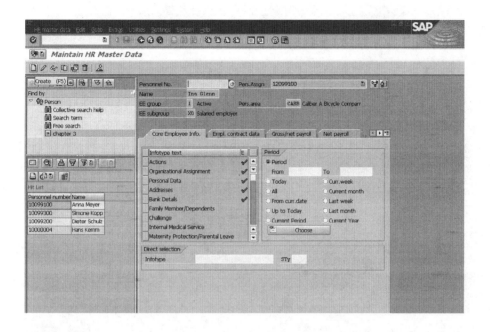

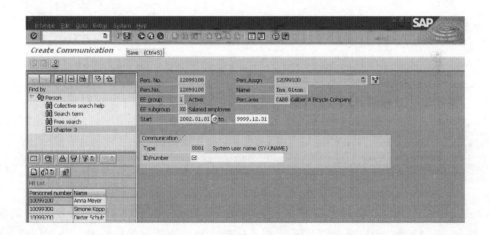

二、请在 SAP 绩效评估系统中，确认评估者和被评估者的对象都是企业员工（Person）。

1. 参考如下界面，写出确认绩效评估者和被评估者对象的路径。

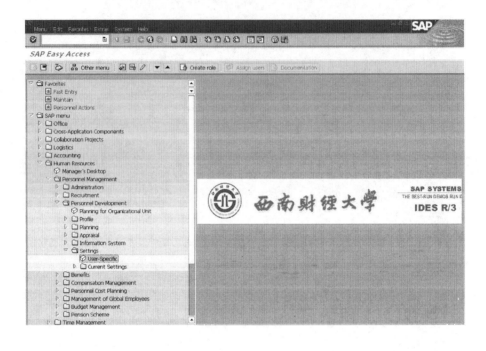

2. 绩效评估者和被评估者都是员工的信息是：

Appraiser：_____

Appraisee：_____

要设置绩效评估者和被评估者始终是企业员工，需要点击_____键。

三、请以 PC4YOU 为绩效评估模版，指定 Ina Glenn（120991##）为部门评估者，Kai Zimmer（120992##）为部门被评估者，自定义绩效评估的目标标准，为部门绩效评估做好数据准备。

1. 参考如下界面，写出为部门绩效评估做数据准备的路径。

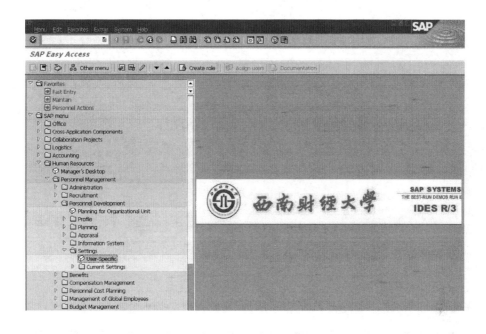

2. 请根据题目要求，在如下界面中为部门绩效评估做数据准备选择和填写必要的数据信息。

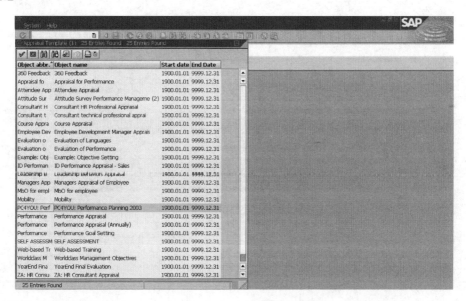

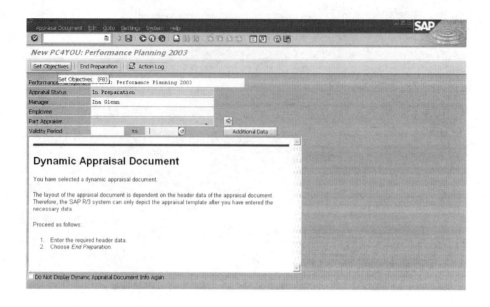

3. 请在如下界面空白处填写你设定的部门绩效评估目标标准。

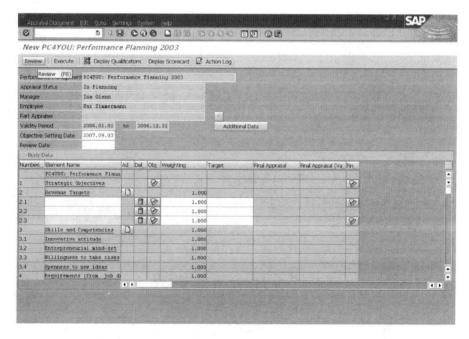

当点击 Review 键修订绩效评估目标标准时，系统显示的评估状态是：_____
_____

四、点击执行（Execute）键，根据部门评估者与被评估者的反馈，在如下界面空白处填写评估最终得分。

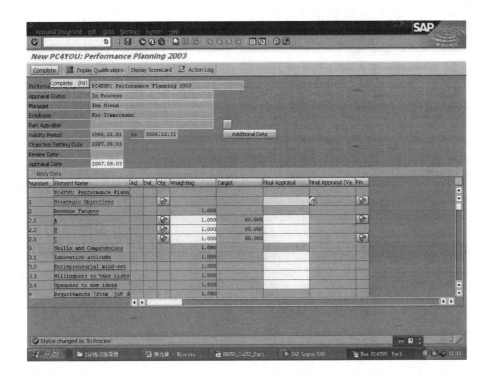

五、点击完成（Complete）键，返回到 SAP 主菜单界面，查看这次绩效评估在系统中的记录。

1. 参考如下界面，写出查看绩效评估的路径。

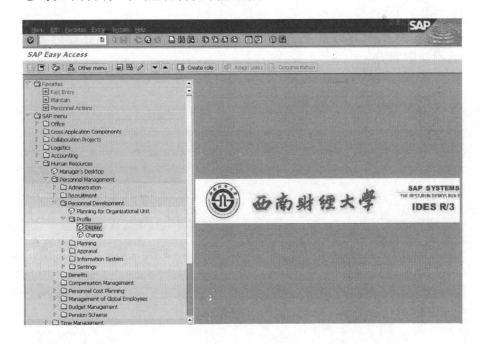

2. 填写如下界面中的空白处，以方便查询上题中完成的绩效评估记录。

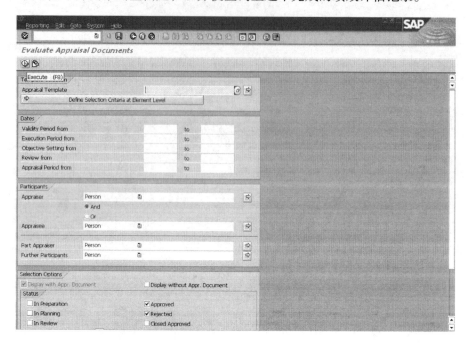

3. 请根据你的查询结果，填写如下信息。

Appraisal Document Name： _____

Name： _____ Appraisee Name： _____

App Stat： _____

Period _____ to _____

Appraisal Date： _____ Changed by： _____

六、请将你在这次实验课上的收获记录下来。

_____
_____
_____
_____
_____
_____

第十章
SAP 工资管理的实施（一）

学习背景

工资管理是人力资源管理部门的核心业务之一。从本章开始，我们将向各位初学者介绍为企业员工实施工资管理的完整操作过程。SAP 工资管理的实施，首先需要做好工资管理员配置与员工工资数据的准备工作，随后运行工资发放流程与制作工资报表。如果企业同时上线 SAP 财务管理模块的话，最后 SAP 工资发放还需与财务管理集成——过账。本章我们主要学习工资管理员在系统中的参数配置以及与员工工资相关的数据准备。

本章数字化资源链接如下：

https://www.icourse163.org/course/SWUFE-1003087008？utm_campaign=share&utm_medium=iphoneShare&utm_source=qq. 相关视频、课件、讨论互动资源详见第二十一讲和第二十二讲的教学资源。

学习目标

通过本章的学习与操作，你将了解工资管理的基本流程、工资总额与工资净额、工资结构管理与工资数据配置的含义；熟悉工资管理基本参数设定的方法；掌握工资管理前期基本信息类型的维护方法，能够为企业的某个职位做好工资管理前的所有数据准备。

学习内容

1. 了解 SAP 工资管理的基本流程。

2. 了解工资总额与工资净额含义。

3. 了解工资结构管理与工资数据配置的含义。

4. 理解 SAP 工资管理中回溯计算的含义和用途。

5. 掌握工资管理基本参数的设定方法。

6. 熟悉工资管理前期必须维护的基本信息类型，能够根据职位要求，对与工资管理相关的时间管理数据、基本工资数据和工资账户信息做出准确的数据维护。

SAP 工资信息化管理业务的实施，执行三步工作法：第一步是准备工资数据，包括薪资管理员权限配置，与员工薪资数据的准备；第二步是运行工资发放流程与制作工资报表；第三步是财务过账。

一、工资管理的基本流程

工资管理工作是一个综合性的跨部门协同工作。在做工资管理之前，首先需要准备完整无误的员工主数据信息，包括绩效管理数据信息、员工时间管理信息、员工薪酬福利算法设置，以及和财务部门做好财务与成本控制的协同合作管理。

这项综合性的跨部门协同工作是怎样开展的呢？图 10-1 展示了工资管理的业务流程。

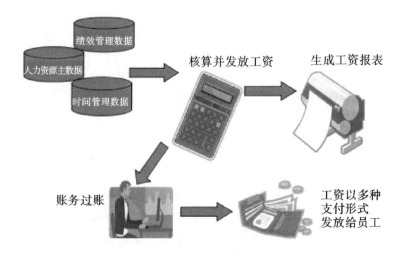

图 10-1　SAP 工资管理的业务流程

工资管理起步于汇总正确的员工主数据、绩效管理数据和时间管理数据，之后为员工核算工资期间的工资数额，生成工资报表，同时将发放工资的数据传给财务部门，实现财务过账。财务过账后，工资就以转账、现金、储值等多种多样的形式发放给员工。

二、工资总额与工资净额

员工实际收到的工资数据是应付工资总额吗？显然不是。员工工资总额减去扣减额得到工资净额。工资净额以多种形式发放给员工，如转账形式、现金形式、储值卡形式，等等。

常见的工资总额包含基础薪水（基本工资）、非现金收入（如饭卡储值）、加班费、替代收入（继任者替班收入）、带薪休假、奖金红利、预定薪水（年度考核通过后全部发放）、重复支付/减除额（如专家费、会员费等）、额外支付（如临时任务补偿）、回溯薪水补发历史应发未发的金额。

回溯薪水是指针对过往发薪月份发生的各类工资项目调整，系统自动进行精细计算，将工资调整引起的补、扣差异，在当前发薪月份详细列出并发放。比如目前已经完成第 5 期薪资管理，但识别到从 4 期开始，员工薪资数据发生调整，系统会重新核算第 4 期、第 5 期的薪资数据，将差异落实在第 6 期的实际支付中。

工资总额不仅包含了若干工资项目，也包含了扣减项目。比如，工资总额包含了五险一金的数额，也包含了个人所得税金额，这些金额都属于扣减额，因此工资总额中减去五险一金、个人所得税等扣减项，就得到了工资净额。

三、工资结构管理

工资结构管理，是由工资类型、薪资范围等构成，是反映员工工资的基本参数表。工资结构既与工资制度有关，也与适用单位有关。

从工资制度的角度分析，有年薪制、岗位等级工资制（如按管理层职务高低定义工资）、岗位技能工资制（如按职称级别高低定义工资）、也有协议工资制（如根据用工协议定义工资）。

对于工资结构的管理，可以通过公司代码、人事子范围、员工子组等数据设置。

- 公司代码，代表集团下设的分支机构的情况。跨国组织常以国家地域进行划分，国内组织常以省或大区进行划分，不同国家的薪资制度有差异，不同省份的最低收入标准也有差异。

- 人事子范围，代表了分支机构之下的每一个基层单位，不同基层单位的业务范围不同，工资制度常有差异。

- 员工子组，代表了对员工组的细分，如在职全职员工可细分为实习生、计时工资员工、年薪制员工和佣金制员工等。不同员工子组的时间管理要求不同，工资结构也有差异。

四、配置工资数据

配置工资数据时，需要关注两类信息类型：

第一类是通用信息类型，如：组织结构定位、工资状态、预定工作时间、基础薪水、银行明细信息、重发收入/减除额、额外收入等。

第二类是与国家相关的信息类型，比如在中国，会涉及住房公积金、收入所得税、社会保险等。其中社会保险会涉及养老保险、失业保险、医疗保险、工伤保险和生育保险。有些组织还为员工购买了更多的商业保险，也需要在工资准备期维护好相关的信息类型。

下面，我们通过一些练习题，来体验工资数据准备的相关学习内容。

实训练习题

1. 运用 SAP 人力资源管理进行工资管理前，需要维护的基本信息类型有哪些？

_____

_____

_____

2. 请举例说明 SAP 人力资源管理工资管理中的回溯计算（Retroactive Accounting）的含义。

_____

_____

_____

应用与提高

一、在运用 SAP 人力资源管理工资管理模块前，需要做好一些基本设置。请完成如下工资管理基本设置：

（1）将国家组（Country grouping）参数设置为 MOL，参数值为 99；用户组（User group）参数设置为 UGR，参数值为 99。

（2）将登录系统语言设置为你使用的语言。

1. 参考如下界面，写出设置国家组参数和用户组参数的路径。

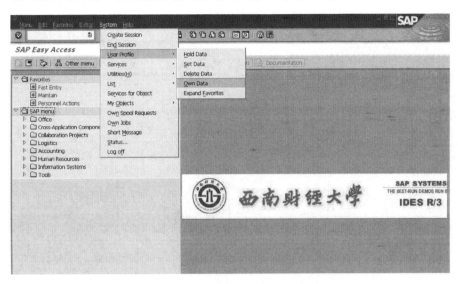

2. 请在如下界面的表格中的选择区域填写相关数据，以定义国家组参数 MOL = 99，用户组参数 UGR = 99。

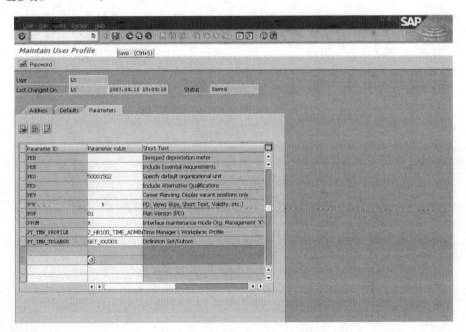

3. 请在如下界面合适的空白处，填写你设置的登录语言。

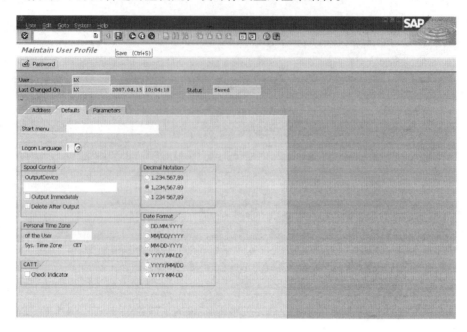

二、请将你在系统中的角色永久定义为 T_ HR110。

1. 请在命令区（Command Field）中，录入 pfcg 回车，进入角色维护界面，请在合适的位置填写你定义的角色名：T_HR110。

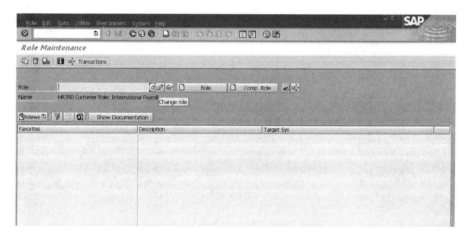

2. 请根据题目要求，在如下界面中填写你的用户登录名和角色分配时间。

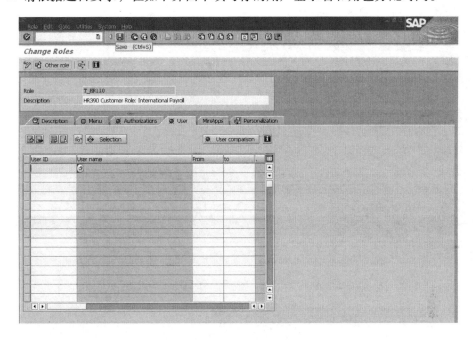

三、假设公司从 2003 年 1 月 1 日起，雇用了新采购员一名。

1. 从收藏夹中进入如下人事事件维护界面，在空白处录入必要的信息，进入"新员工工资"（Hiring Payroll）人事事件维护界面。

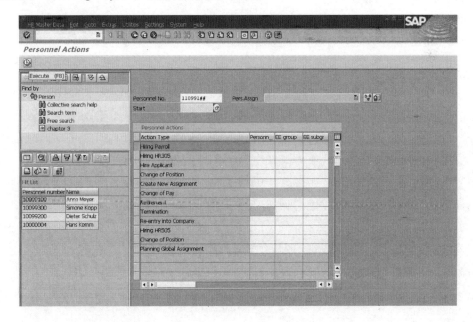

2. 在如下界面中为新录用的采购员填写必要的维护信息：员工代码：110991##；起始期：2003 年 1 月 1 日；人事范围：CABB；员工组：1；员工子组：X0。

3. 保存上述信息，系统为该新采购员分配了内部员工编号。请在组织分配界面中，定义该采购员的职位是采购中心采购员##，工资范围是##，工资管理员是 G##。请在如下界面中填写必要的维护信息。

4. 自定义新采购员工的员工数据和地址信息内容，确认计划工作时间信息类型中的工作计划为"一般"（Norm）。在基本工资信息类型中，定义工资范围组是 E03，工资范围水平是 01，工资类型代码为 M020，数额为 3 050 欧元。请在如下界面中填写必要的维护信息。

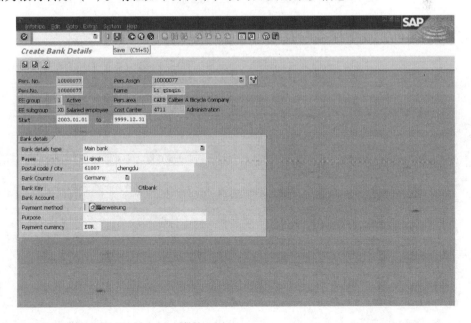

5. 请为新采购员定义如下工资账户信息：银行代码为 12312312 for Citibank；支付方法为银行转账（U）。请在如下界面中，填写必要的维护信息。

6. 请为新采购员定义如下缺勤配额信息：标准年假为 25 天，扣减起始期为 2003 年 1 月 1 日，扣减终止期为 2004 年 3 月。请在如下界面中，填写必要的维护信息。

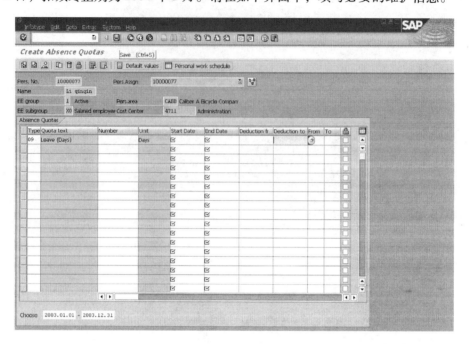

四、完成了上述新员工基本数据配置后，请查看这位新员工的数据文件。

1. 参考如下界面，写出查看这位新员工数据文件的路径。

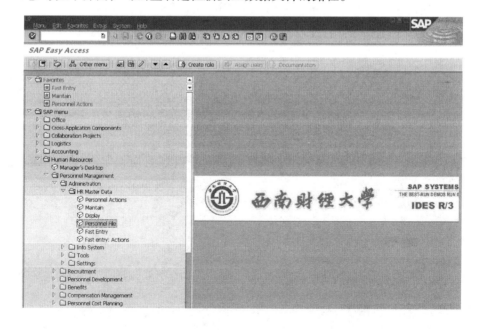

2. 通过点击"下一屏"按钮，你会看到这位新员工的一些重要信息类型。请写出你在上题中没有维护但是在员工数据文件中可以看到的信息类型有哪些?

_____

_____

_____

_____

_____

五、请将你在这次实验课上的收获记录下来。

_____

_____

_____

_____

_____

第十一章
SAP 工资管理的实施（二）

学习背景

前一章，我们为工资管理做好了管理员配置与员工工资数据准备。本章我们将进入工资发放的实战阶段——工资发放流程。通过本章的学习，你会对 SAP 工资管理中的核心概念和这些概念之间的时间关系产生感性认识，并掌握 SAP 人力资源管理设计工资发放的基本流程思想。

本章数字化资源链接如下：

https://www.icourse163.org/course/SWUFE-1003087008？utm_campaign＝share&utm_medium＝iphoneShare&utm_source＝qq. 相关视频、课件、讨论互动资源详见第二十三讲和第二十四讲的教学资源。

学习目标

通过本章的学习与操作，你将通过工作发放流程，进一步理解 SAP 工资管理中工资范围、工资期间、工资控制记录等核心概念的含义、联系与区别；能够独立完成工资发放工作的完整流程；能够解释工资发放过程中遇到的信息提示，并学会查看工资发放结果；能够制作工资管理相关的报表。

学习内容

1. 理解 SAP 工资管理中工资范围、工资期间、工资控制记录的联系与区别。
2. 操作完成工资发放工作的一个完整流程。

3. 能够解释工资发放过程中遇到的信息提示。

4. 学会查看工资发放结果。

5. 制作与工资管理相关的报表。

工资发放，是指在制度工作时间内，计发员工完成一定的工作量后应获得的报酬。

一、工资范围、工资期间和工资控制记录的含义

SAP 工资发放管理，需要理解工资范围、工资期间和工资控制记录等常用专业词语的含义。

- 工资范围（Payroll Area），是为了方便开展时间管理和工资管理，将员工分组。不同工资范围的员工，发放工资的时间和周期有所不同。

- 工资期间（Payroll Period），是工资发放的期间单位，比如最常见的是按月发放工资，也有周薪、日结还有按次数结算等各种工资发放期间。

- 工资控制记录（Payroll Control Record），用于定义工资范围、工资期间和回溯期间。

在工资控制记录中，可以定义工资范围（Payroll Area），比如按月结算工资；

在工资控制记录中，也可以定义工资期间（Payroll Period），比如当前的工资发放周期是 2019 年 6 月的工资，具体是指"2019.06.01"到"2019.06.30"期间的工资；工资期间之下"Run"代表当前工资期间发放工资的次数，"01"表示发放过一次，也就是指 2019 年 6 月的工资已经发放。

在工资控制记录中，还可以定义最早回溯期 Earliest RA Period，比如"2019.01.01"是指 2019 年 1 月 1 日是回溯计算工资的最早时间。

二、SAP 工资发放流程

SAP 工资发放流程如图 11-1 所示，在工资数据准备充分的前提下，首先释放工资数据（Release Payroll），之后运行工资发放程序（Start Payroll）。接下来检查工资运行结果（Check Payroll），检查结果有两种可能。

第一种可能：结果正确、正常就进入最后一步退出工资发放程序；第二种可能：结果不正确、不正常，系统会自动运行自我修正程序，检查和校对数据之后，重新开始第一步释放工资数据，到第二步运行工资发放程序，检查结果直到正确才进入最后一步退出工资发放程序，进入到财务过账业务。

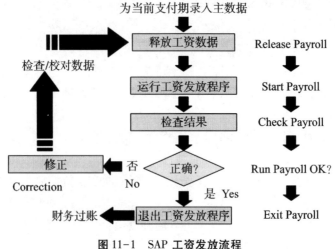

图 11-1　SAP 工资发放流程

三、工资控制记录在工资发放中发挥的作用

在工资发放流程中，工资控制记录会在全程发挥控制工资数据的作用。

在工资发放的第一阶段——释放数据阶段，工资主数据被锁定，即被冻结的意思，此时不能维护工资主数据。

如果经过运行工资数据后，自查发现结果不正确，会自动进行校对数据，在校对数据阶段（Release for Correction），工资主数据被释放锁定，此时可以更改错误的工资主数据。

在运行工资发放后的自查结果阶段，工资数据依然是被锁定的。

如果运行工资发放程序后，自查结果正确，系统就会退出工资发放程序，进入财务过账阶段。当退出了工资发放程序，工资主数据就不再被锁定了。

总结一下，工资主数据被锁定的阶段有：释放工资数据和检查运行结果；工资主数据不被锁定的阶段有：释放校正数据和退出工资发放。

下面，我们通过一些练习题，来体验 SAP 工资发放的相关学习内容。

实训练习题

1. 简述你对工资范围（Payroll Area）、工资期间（Payroll Period）和工资控制记录（Payroll Control Record）的理解。

_____

_____

_____

_____

2. 请画出 SAP 人力资源管理工资管理的实施流程图。

应用与提高

一、请查看工资范围代码为 X0 的工资控制记录（Control Record），记录下其工资期间与最早回溯计算期。

1. 参考如下界面，写出查看工资控制记录的路径。

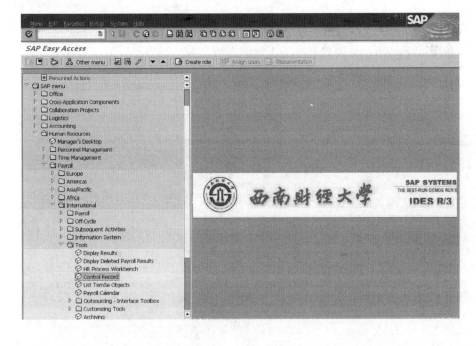

2. 根据你查询的结果，填写如下信息。

工资期间（Payroll Period）：_____

最早回溯计算期（Earliest Retroactive Accounting Period）：_____

二、请确认上一章中新雇佣的采购员（雇佣代码是 110991##，可以通过姓名查询或结构化查询找到该员工的员工代码）的工资范围代码是 X0。参考如下界面，说明查看员工工资范围的路径。

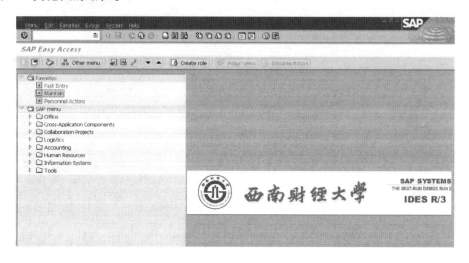

三、请查看该新采购员的信息类型"工资状态"（Payroll Status）所包含的信息。

1. 参考如下界面，写出查看员工工资状态信息类型的路径。

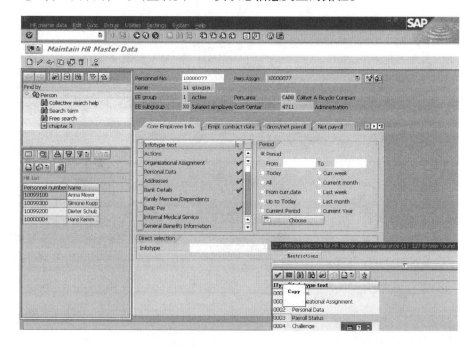

2. 将光标分别放在 Earl. pers. RA date 空缺处和 Accounted to 空缺处，利用 F1 帮助键，查看这两个词汇的含义。根据你的理解，请解释目前这两个空缺处没有数据信息的原因。

四、请释放 X0 工资范围的员工工资。参考如下界面，写出释放员工工资的路径。

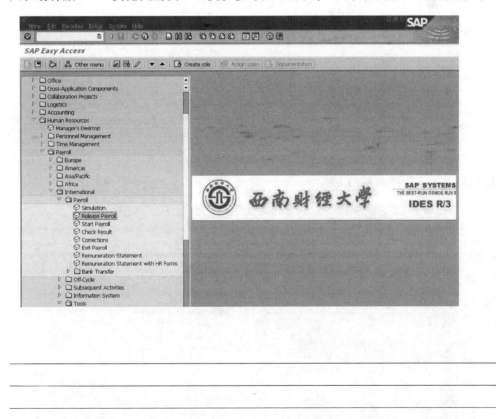

五、请在 2004 年 1 月开始 X0 工资范围的工资发放工作。选择代码为 X700 的工资发放方案，并要求显示工资发放日志（Display Log），运行"工资发放"前，将已录入的数据以变量（Variant）的形式保存，变量名为 RUN##。[建议点击执行键前先进行试运行（Test Run），之后正式运行工资发放程序。]

1. 参考如下界面，写出开始运行"工资发放"程序的路径。

_____

_____

_____

2. 请根据题目要求，在如下界面空白处填写和选择必要的信息，并写出将现有数据保存为变量（RUN##）的方法。

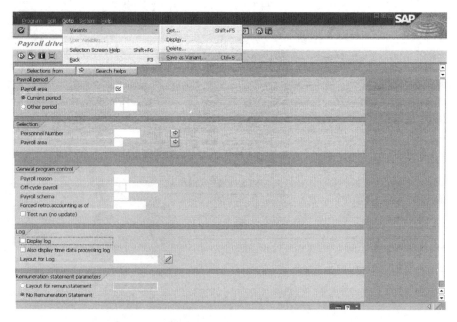

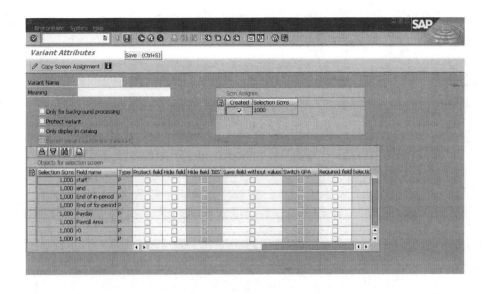

六、请查看该采购员 2003 年度工资运行的结果。参考如下界面，记录查看工资运行结果的路径。

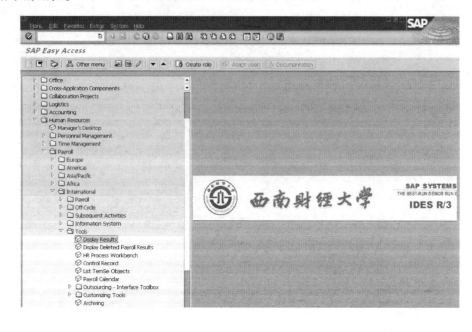

七、请为该采购员创建工资管理说明书（Remuneration Statement）。

1. 参考如下界面，写出创建工资管理说明书（Remuneration Statement）的路径。

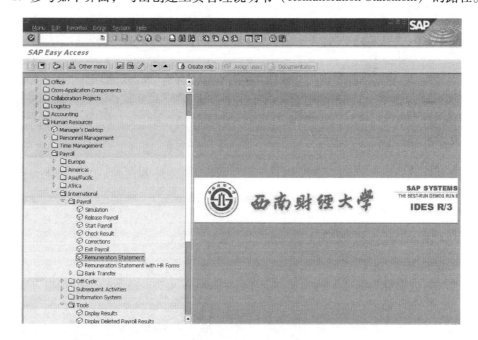

2. 请根据题目要求，在如下界面空白处填写必要的维护信息。

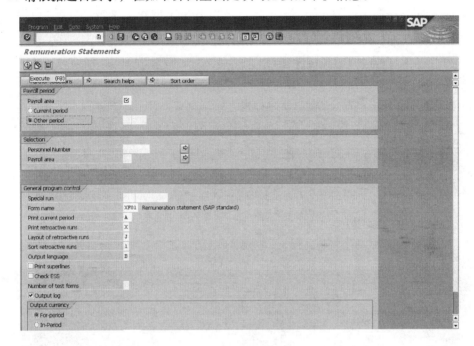

八、请为 X0 工资范围的所有员工制作工资分类账。

1. 参考如下界面，写出制作工资分类账的路径。

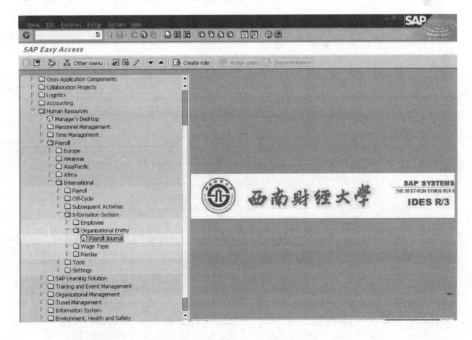

_____

_____

_____

_____

2. 请在如下界面中，为 X0 工资范围内的所有员工创建工资分类账，填写必要的
信息。

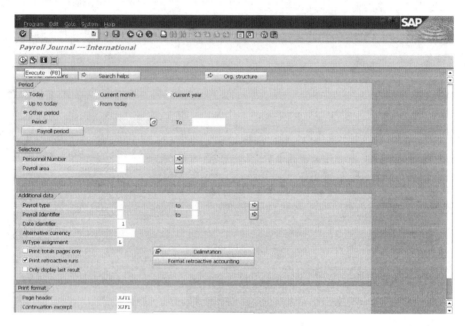

3. X0 工资范围下的员工有_____位。

**九、请运用"工资类型报告"，查看 X0 工资范围内的员工在 M020 工资类型下的月
工资收入额。**

1. 参考如下界面，写出创建工资类型报表的路径。

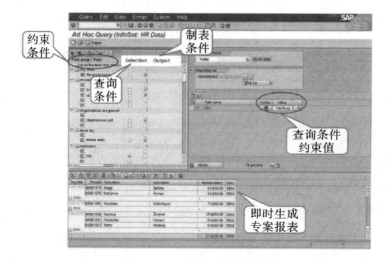

2. 请在如下界面中填写必要的信息，以查看 X0 工资范围内的员工在 M020 工资类型下的月工资收入额。

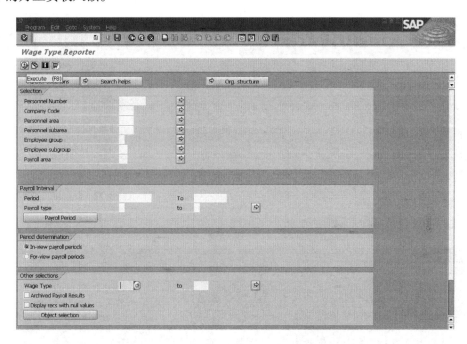

十、请将你在这次实验课上的收获记录下来。

第十二章
SAP 人力资源管理报表查询工具

学习背景

SAP 人力资源管理系统设计了非常成熟的各类报表查询工具，极大地方便了人力资源管理者在业务操作时，及时、准确、方便、快捷地查找到需要查看、维护或做统计分析的人员数据。相信通过本章的学习，你将会发现 SAP 人力资源管理的报表查询工具的确称得上是"查询小当家"。

本章数字化资源链接如下：

https://www.icourse163.org/course/SWUFE-1003087008？utm_campaign=share&utm_medium=iphoneShare&utm_source=qq. 相关视频、课件、讨论互动资源详见第二十五讲的教学资源。

学习目标

通过本章的学习与操作，你将认识 SAP 人力资源管理中各类常用的报表查询工具；熟悉这些报表查询工具的适用情景和查询特色；能够根据业务查询要求选择合适的报表查询工具进行有效查询和显示结果；熟练掌握 Ad Hoc Query 查询工具的使用方法。

学习内容

1. SAP 人力资源管理系统中常用的报表查询工具。
2. 灵活运用各类报表查询工具。
3. 熟练掌握 Ad Hoc Query 查询工具的使用方法。

　　SAP 报表管理是 SAP 管理信息系统的数据分析利器。报表管理不仅可以实现每个业务部门的数据分析与预测，还可以分析、预测交叉业务部门的数据，从而为组织战略发展提供重要的决策依据。

一、SAP 人力资源管理系统的常用报表工具

　　SAP 人力资源管理系统的常用报表工具有两类：一类是查询现有报表结果；一类是生成个性化的即时专案报表。

（一）查询现有报表结果

　　对于第一类报表工具"查询现有报表结果"，通常有以下三种工具：

　　● 人力资源信息报表（Human Resource Information System），简称 HIS。HIS 适用于人力资源管理业务部门的现有报表查询。

　　● 管理者桌面自助服务（Manager's Desktop and Manager Self-Service）。管理者桌面是服务于组织各个层级的管理者，运用直观的图形界面，进行人事决策分析和劳动力管理。

　　● SAP 菜单里的报表（Info systems in the SAP Easy Access Menu）。它适用于组织所有业务部门的现有报表查询。

（二）生成个性化的即时专案报表

　　对于第二类报表工具"生成个性化的即时专案报表"，通常根据"专业与通用"分类可以分为两种工具，即 Ad hoc Query 和 SAP Query。

二、查询现有报表结果的使用方法

　　查询现有报表结果，通常有两种方法可以实现，如图 12-1 所示。

　　第一种方法是：通过人力资源管理的各专业业务进入查询专项报表，如在人事管理 Personnel Management 之下进入报表系统 information system——reports 或 reporting tools，或在薪酬管理 Compensation 之下进入报表系统 information system——reports 或 reports tools。

　　第二种方法是：从人力资源 human resources 中直接进入报表 information system。

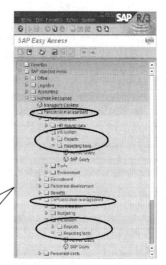

图 12-1　查询现有报表结果的方法

三、生成个性化的即时专案报表

生成个性化的即时专案报表，可以根据用户的查询需求和制表需求，自动生成个性化的相关报表。

如图 12-2 所示，即时专案查询业务界面有三个区域：

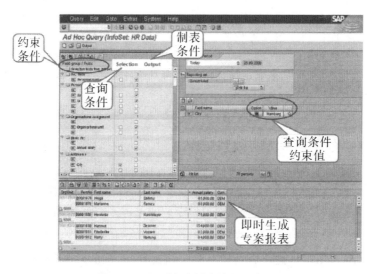

图 12-2　即时专案报表的使用方法

第一个区域在左上方。左上方有三列，第 1 列是各种条件名称，如姓名、性别、公司代码等条件名称；第 2 列是查询条件勾选区，假设我们想查询女性员工，就会在第二列勾选"女性"；第三列是制表条件勾选区，假设我们想得到女性员工的员工代码和姓名，就会在第三列勾选"员工代码""姓名"项目。

第二个区域在右上方。在右上方可以输入查询条件的约束值。

第三个区域在下方。这是制表结果的输出区，用户可以直接看到即时生成的满足需求的相关报表。

下面，我们通过一些练习题，来体验 SAP 人力资源管理报表查询工具的功能。

实训练习题

1. SAP 人力资源管理中常用的报表查询工具有哪些？

_____

_____

_____

_____

_____

应用与提高

一、请查找并显示目前企业中人事范围为 CABB，人事子范围为 0005 的所有女职员。

1. 参考如下界面，说明查看某人事范围员工的路径。

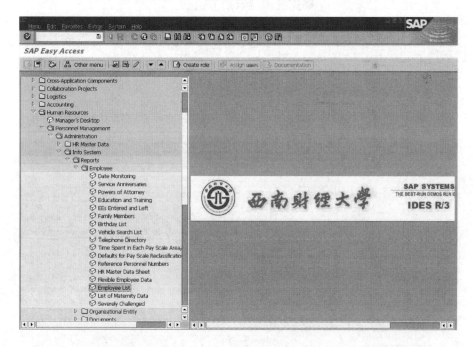

_____

_____

_____

_____

2. 根据题目的查找条件，在如下界面空白处填写或选择必要的信息，以完成查询。

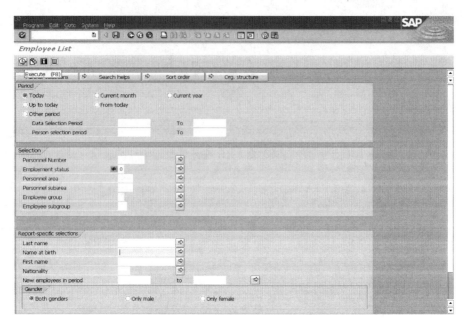

3. 你共找到_____位符合条件的员工。

二、请运用 Ad Hoc Query 来查找和显示如下信息：

（1）请查找公司代码为 CABB，时间管理员为 G##的所有女员工。

（2）请显示这些女员工的如下信息：人事代码（升序排列）；名字；生日；工资类型（基本工资）；工资类型金额总计（Total of All Wage Type Amounts）；工资类型（附加支出）；附加支付总计（Total of Additional Payments）。

1. 参考如下界面，写出进入 Ad Hoc Query 报表工具，查看题目要求信息的路径。

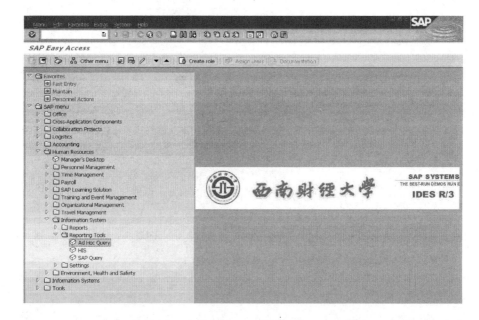

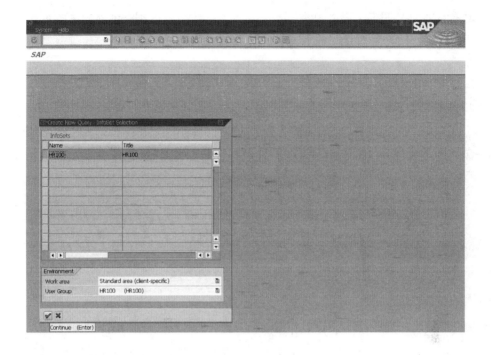

2. 为了找到公司代码为 CABB、时间管理员为 G##的所有女员工，请参考如下界面，选择合适的条件，并在空白处填写各条件值。

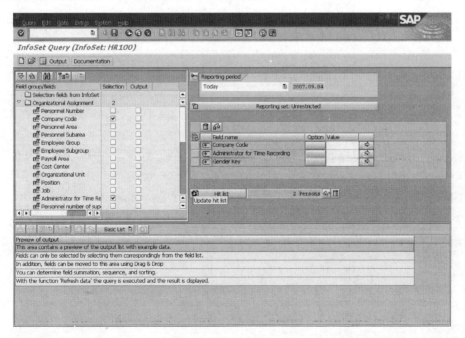

3. 你的查找结果是：共找到＿＿＿＿＿＿＿＿＿＿位符合条件的员工，她们的姓名和员工代码是＿＿＿＿＿＿＿＿＿＿＿＿＿＿＿＿＿＿＿＿＿＿＿＿＿＿＿＿＿＿＿＿

＿＿＿＿＿＿＿＿＿＿＿＿＿＿＿＿＿＿＿＿＿＿＿＿＿＿＿＿＿＿＿＿＿＿＿＿

4. 参考如下界面，写出完成显示这些女员工的人事代码（升序排列）；名字；生日；工资类型（基本工资）；工资类型金额总计（Total of All Wage Type Amounts）；工资类型（附加支出）；附加支出总计（Total of Additional Payments）等信息的方法。

＿＿＿＿＿＿＿＿＿＿＿＿＿＿＿＿＿＿＿＿＿＿＿＿＿＿＿＿＿＿＿＿＿＿＿＿

＿＿＿＿＿＿＿＿＿＿＿＿＿＿＿＿＿＿＿＿＿＿＿＿＿＿＿＿＿＿＿＿＿＿＿＿

＿＿＿＿＿＿＿＿＿＿＿＿＿＿＿＿＿＿＿＿＿＿＿＿＿＿＿＿＿＿＿＿＿＿＿＿

＿＿＿＿＿＿＿＿＿＿＿＿＿＿＿＿＿＿＿＿＿＿＿＿＿＿＿＿＿＿＿＿＿＿＿＿

＿＿＿＿＿＿＿＿＿＿＿＿＿＿＿＿＿＿＿＿＿＿＿＿＿＿＿＿＿＿＿＿＿＿＿＿

5. 请在空格中填写你的查询结果。

Personnel Number：＿＿＿＿＿＿＿＿＿　Last Name：＿＿＿＿＿＿＿＿＿

Birth Date：＿＿＿＿＿＿＿＿＿＿＿　Wage Type：＿＿＿＿＿＿＿＿＿

Total：＿＿＿＿＿＿＿＿＿＿＿　Currency：＿＿＿＿＿＿＿＿＿

Additional Payments：＿＿＿＿＿＿＿＿＿＿＿＿＿＿＿＿

三、请将你在这次实验课的收获记录下来。